NOTICE

SUR LE

MINISTÈRE DE LA GUERRE

Paris. — Imprimerie de J. DUMAINE, rue Christine, 2.

NOTICE

SUR LE

MINISTÈRE DE LA GUERRE

DEPUIS SON ORIGINE JUSQU'A NOS JOURS

et en particulier sur les conseils supérieurs de la guerre aux différentes époques

PAR

UN OFFICIER D'ÉTAT-MAJOR

PARIS

LIBRAIRIE MILITAIRE DE J. DUMAINE

LIBRAIRE-ÉDITEUR

Rue et Passage Dauphine, 30

—

1879

NOTICE

MINISTÈRE DE LA GUERRE

CHAPITRE PREMIER
Origines du ministère.

Origine du terme ministre. — Le mot ministre vient du latin *minister*, serviteur, usité dès l'antiquité pour désigner dans le langage ordinaire les principaux conseillers des souverains et les administrateurs des affaires publiques (1). Mais il n'a été employé comme titre officiel qu'à une époque relativement récente, sur laquelle les auteurs eux-mêmes ne sont pas d'accord (2).

Origine des fonctions ministérielles. — Quoi qu'il en soit, les fonctions de ministre sont beaucoup plus anciennes que le titre. On en trouve déjà la trace dans l'empire romain. Les empereurs déléguèrent leur autorité sur les armées aux préteurs et aux questeurs, et, plus tard, aux chefs de la garde prétorienne. Ces derniers, sous le nom de préfets du prétoire, deviennent tout-puissants. Dans plusieurs circonstances ils élèvent ou renversent à leur gré le chef de l'État. Aussi, l'un des premiers soins de Constantin est-il de supprimer ces redoutables fonctionnaires ou plutôt, de répartir leurs attributions entre plusieurs personnes afin de diminuer l'importance de la charge. Sépa-

---

(1) Le mot *ministre* est employé avec cette acception dans Justin, chapitre XVI, 4. Il se trouve aussi, d'après du Cange, dans les capitulaires de Charlemagne.

(2) 1558 d'après Bardin; 1567 d'après Audouin; 1589 d'après Sicard; 1626 d'après Dupiney de Vorepierre.

rant pour la première fois l'administration du commandement, il désigne pour exercer celui-ci deux officiers : le *magister peditum* et le *magister equitum*. En même temps, il divise l'empire en quatre grandes provinces : l'Orient, l'Italie, l'Illyrie et les Gaules, et place à la tête de chacune un préfet du prétoire, assisté de vicaires administrant les subdivisions. Le pouvoir central est exercé auprès de l'empereur et sous son autorité immédiate, par les maîtres des écrins, appelés aussi notaires et chanceliers.

Fonctionnaires investis, sous la première et la deuxième race, du commandement des armées. — Le moyen âge hérita de ces dénominations, par lesquelles on continua longtemps à désigner les conseillers du prince.

Toutefois, dans les premiers temps qui suivirent l'invasion des Francs, le commandement des armées, faisant partie inhérente du pouvoir suprême, était exercé personnellement par le souverain. Il ne paraît pas qu'aucun fonctionnaire ait été d'abord investi de ces attributions en vertu d'une délégation permanente. D'autre part, tous les hommes en état de porter les armes devant le service militaire sans avoir droit à autre chose qu'au partage du butin, l'administration militaire n'avait pas de raison d'être.

Lorsque les successeurs de Clovis commencèrent à s'amollir dans l'oisiveté, ils abandonnèrent peu à peu le soin de gouverner pour eux à des fonctionnaires qui n'étaient primitivement que les premiers serviteurs de leur maison, les chefs des domestiques : *magistri officiorum*. Sous Clotaire II, ceux-ci deviennent réellement ministres et généraux en chef, sous le nom de maires du palais. Leur fonction devient héréditaire jusqu'au moment où ils finissent par détrôner leurs faibles souverains (752). Leurs seconds : *comites palatii*, les comtes du palais, chargés sous la première race de régler les litiges qui survenaient entre les officiers de la maison, héritent du pouvoir des maires et, suivant l'exemple donné par ceux-ci, détrônent à leur tour les Carlovingiens. C'est ce que fait Robert le Fort et, plus tard, son arrière petit-fils, Hugues Capet (987).

Troisième race. — Grands officiers militaires. — Après eux, le commandement de l'armée passa au grand sénéchal, charge créée sous la deuxième race (978), mais qui ne devint militaire que sous la troisième. Elle subsista jusqu'à la fin du xiie siècle et fut supprimée seulement à la mort de Thibaut, comte d'Anjou (1191). Aux grands sénéchaux succédèrent les connétables, *comites stabuli*. Cette charge instituée par Henri Ier, ne comporta d'attributions militaires qu'après la suppression de celle de grand sénéchal, lorsque Philippe Auguste désigna pour la remplir, en 1218, Mathieu de Montmorency, deuxième du nom, qui exerça à ce titre les fonctions de général d'armée. De temporaire qu'elle était, elle fut transformée en charge à vie en 1330, sous Philippe de Valois. C'était la première charge de la couronne. Ses pouvoirs et ses priviléges vont en s'accroissant successivement, au point d'empiéter sur le pouvoir royal. Le connétable est généralissime ; il prend rang à l'armée avant les princes du sang, et immédiatement après le roi, qui ne doit lui-même marcher à l'ennemi que du conseil du connétable. Les autres combattants n'y vont que par l'ordre de celui-ci. Il donne le mot. Il a pour lieutenants les maréchaux de France. Toute offense qui lui est faite est considérée comme crime de lèse-majesté. Il a droit de prélever un jour de solde sur tous les gens d'armes et gens de pied à la solde royale ; il exerce la juridiction sur tous les gens de guerre, etc.

Ces prérogatives ne pouvaient manquer d'exciter les défiances du souverain : aussi voit-on la charge du connétable demeurer plusieurs fois vacante, notamment sous Louis XI et après la trahison du connétable de Bourbon.

Elle est définitivement supprimée, en 1627, à la mort de Lesdiguières. Ses attributions avaient d'ailleurs subi des restrictions successives et une partie d'entre elles avaient été données au colonel général de l'infanterie, charge créée en 1544 et supprimée à son tour par Louis XIV en 1661, après le décès du dernier titulaire, le second duc de Biron (1).

Le colonel général de l'infanterie délivrait les commissions des officiers d'infanterie ; il avait la juridiction et la police militaire sur toute l'arme, et disposait de tous les emplois vacants (2). C'est l'un des titulaires, Gaspard de Coligny, qui rédigea, en 1550, la première ordonnance sur la discipline de l'infanterie.

Au-dessous de ces grands dignitaires, ou plutôt à côté d'eux, d'autres officiers de la couronne exerçaient des commandements déterminés et fort étendus. Tels étaient notamment : le grand maître des arbalétriers, devenu plus tard le grand maître de l'artillerie, le colonel général des suisses et grisons, le colonel général de la cavalerie, etc.

Fonctionnaires chargés au moyen âge de l'administration des armées. — Tandis que, depuis une époque reculée, le commandement des troupes était dévolu aux grands officiers de la couronne, il faut laisser s'écouler bien des siècles avant de trouver trace d'une administration militaire.

Il n'en était pas besoin d'ailleurs, tant qu'il n'y avait ni armée permanente, ni solde, ni impôts.

---

(1) La charge de colonel général de l'infanterie fut rétablie temporairement, sous Louis XV, en faveur du duc d'Orléans ; puis, sous Louis XVI, pour le prince de Condé, mais avec des pouvoirs notablement diminués.

(2) Les prérogatives du colonel général de l'infanterie portèrent, à leur tour, ombrage à la royauté. On lit dans Brantôme que Catherine de Médicis prononça, en 1560, devant le Conseil d'Etat, un long discours dans lequel elle réclamait pour la couronne le droit de nommer aux emplois d'officier, droit réservé alors au titulaire de cette charge.

Lorsque Philippe le Bel et, après lui, ses successeurs, eurent pris l'habitude d'accorder aux hommes d'armes et aux milices une solde régulière pour les jours en excédant du temps dû par la loi féodale, on vit poindre le premier germe d'administration. On retrouve le nom des commissaires des guerres dès le règne de Jean le Bon, en 1355. C'est Charles IX qui érige leurs emplois à titre d'office. Ils conservent à peu près les mêmes attributions jusqu'à la Révolution.

Quant à la direction supérieure des affaires militaires, comme de toutes celles de l'État, elle est exercée par le roi assisté de ses conseillers, désignés sous le nom de clercs ou notaires, et dont le premier a le nom de chancelier de France.

Guérin, évêque de Senlis, ancien compagnon d'armes de Philippe-Auguste à Bouvines, nommé chancelier par Louis VIII (1223), rehaussa beaucoup cette fonction qui ne cessa dès lors d'être la première du royaume, les grands offices militaires exceptés.

Philippe le Bel distingua parmi ses notaires ceux auxquels il désirait confier les attributions les plus importantes ; il donna à ces derniers le nom de clercs du secret. En 1309, il y eut ainsi trois clercs du secret et, au-dessous d'eux, vingt-sept clercs ou notaires.

Ce fut sous Philippe de Valois que les clercs du secret prirent le nom de secrétaires des finances ; leur nombre fut porté à sept. Les autres clercs s'appelèrent seulement secrétaires du roi. Afin de rehausser l'importance de ses conseillers, Charles VII s'inscrivit en tête de leur tableau, et cet usage se continua sous ses successeurs.

La réunion des clercs-notaires formait un véritable conseil des ministres, où se traitaient en commun toutes les questions (1). Il n'était fait entre eux aucune répartition

---

(1) Ces fonctionnaires, appelés aussi par la suite secrétaires des com-

permanente d'attributions, sauf à l'égard du chancelier, chargé de contre-signer les ordonnances royales.

Création des secrétaires d'État. — Mode de répartition des attributions entre les secrétaires d'État depuis leur origine jusqu'à la Révolution. — C'est Henri II qui pour la première fois, en 1547, donne aux secrétaires des finances le titre de secrétaires d'État; il en réduit le nombre à quatre et divise entre eux le travail du gouvernement. Mais, au lieu de prendre pour base de cette division la nature des affaires, il répartit les provinces entre les secrétaires d'État, à l'imitation de ce qu'avait fait Constantin pour les préfets du prétoire. Chacun est ainsi, en quelque sorte, le vice-roi des provinces qu'il régit. Il règle à leur sujet tout ce qui concerne les finances, la justice, la guerre, la marine, etc. De plus, les relations avec les états étrangers sont également distribuées suivant le même mode.

On conçoit les inconvénients d'une semblable disposition, l'incohérence de la jurisprudence administrative, les difficultés qui en résultaient pour la marche des affaires. Les décisions d'un secrétaire d'État n'avaient pas force de loi; elles n'étaient pas observées sur tout le territoire. A défaut de règles écrites, c'était le bon plaisir ou du moins une tradition incertaine qui dictait tous les arrêts.

Bien que modifiée peu à peu avec le temps et devenue plus rationnelle, cette organisation vicieuse ne disparut entièrement qu'avec l'ancien régime.

Ainsi, sous Louis XIV, la Bretagne et la Provence appartenaient au département des affaires étrangères; la Guyenne à celui des affaires religieuses. Colbert, ministre

---

mandements et finances, constituaient ce qu'on appelait le collège des secrétaires du roi. Jusqu'en 1727, chaque secrétaire d'État était obligé, lors de son entrée en fonctions, de se pourvoir d'une charge de secrétaire du roi.

de la marine et du commerce, était exclu de la Méditerranée et de l'Atlantique ; ses provinces étaient la Picardie, la Champagne, l'Alsace, les Trois-Évêchés. Louvois avait l'Artois, le Roussillon et le Dauphiné ; la Franche-Comté et les Flandres lui échurent à la suite de la conquête ; il obtint l'Alsace par voie d'échange avec l'un de ses collègues.

Henri II en divisant, comme il vient d'être dit, les fonctions entre les secrétaires d'État, n'avait songé à adopter cette disposition qu'à titre temporaire et sans prendre à ce sujet aucune décision de principe.

Cette organisation fut régulièrement consacrée et sanctionnée définitivement par Henri III, dans l'ordonnance du 1er janvier 1589. Toutefois les règles ainsi tracées étaient encore bien incertaines. Les divisions alors adoptées furent entièrement remaniées à plusieurs reprises et notamment sous Louis XIII, par l'ordonnance du 11 mars 1626.

La séparation ne fut d'ailleurs jamais complétement établie.

« Les départements des secrétaires d'État, dit l'*Encyclopédie* (1), ne sont pas attachés fixement à leur office ; ils sont distribués selon ce qui plaît au roi.

« Pour ce qui est des provinces et généralités du royaume, elles sont distribuées à peu près également aux quatre secrétaires d'État. »

Toutefois il y eut toujours, depuis Henri III, un secrétaire d'État chargé de la guerre, un autre de la marine, un troisième de la maison du roi.

Chacun d'eux n'avait à traiter que les affaires générales, les mesures d'ensemble concernant la partie du gouvernement dont il avait spécialement la charge ; pour les affaires particulières de chaque province, elles furent toujours

---

(1) *Encyclopédie*, section de la Jurisprudence, au mot Secrétaire d'Etat.

réglées par le secrétaire d'État qui avait cette province dans ses attributions territoriales.

Certaines affaires, quoique d'intérêt général, restèrent longtemps indivises entre les ministres. Tel était le cas des fortifications. Vauban, par exemple, construisait d'après les ordres de Louvois les places de Flandre, et celles de Picardie sur les prescriptions de Colbert.

Jusqu'à la veille de la Révolution, on trouve trace de dispositions qui paraissent aujourd'hui singulières. Ainsi, sous Louis XV, le duc de Choiseul, ministre de la guerre et de la marine, était officiellement chargé, non pas de toutes les affaires étrangères, mais de la correspondance avec les cours d'Espagne et de Portugal.

Jusqu'à Louis XVI, les postes, les haras dépendaient du ministère de la guerre.

Enfin, par une anomalie étrange, ce ministère était encore chargé, en 1788, d'une partie des affaires ecclésiastiques (1).

Vers l'époque où le titre de ministre fut adopté en France, s'introduisit aussi l'usage de distinguer les « secrétaires d'État » chargés d'un département ministériel, mais sans avoir le droit de siéger au conseil du roi, et les « ministres secrétaires d'État » qui jouissaient en outre de cette prérogative. Le titre de ministre s'accordait habituellement aux secrétaires d'État après quelque temps d'exercice. Tel fut le cas pour Louvois, Seignelay, Barbezieux, etc.

Au-dessus des ministres proprement dits se trouvaient le chancelier, chargé de l'administration de la justice et du contre-seing des ordonnances royales, et le surintendant des finances, plus tard remplacé par le contrôleur général.

Ces hauts fonctionnaires avaient un pouvoir bien supé-

---

(1) Voir ci-après, pages 43 et 44.

rieur à celui des autres ministres. Ainsi, jusqu'à Louis XIV, on trouve un grand nombre d'ordonnances militaires contre-signées du chancelier seul. Quant au surintendant, chargé exclusivement de la solde des gens de guerre, il exerçait par là une action considérable sur l'administration de l'armée.

Les secrétaires d'État conservent d'ailleurs, longtemps après leur création, le caractère plus spécial de conseillers du souverain. Les ordonnances, bien que prises en conseil ou sous l'inspiration de l'un d'eux, émanent du roi en personne, sans recevoir toujours l'attache du ministre compétent. On s'en assure en feuilletant la collection des ordonnances militaires des derniers Valois, de Henri IV et de Louis XIII.

CHAPITRE II

Ministres de la guerre depuis la création de la charge jusqu'après Louis XIV.

A partir du XVIIe siècle et jusqu'à la Révolution, le nombre des ministres reste à peu près constant, ainsi que le titre par lequel on désigne chacun d'eux. Ce sont les secrétaires d'État des affaires étrangères, de la guerre, de la marine, de la maison du roi.

Leur nombre est toutefois réduit à trois après la mort de Louis XIV; il varie ensuite entre quatre et cinq.

Premiers secrétaires d'État de la guerre. — Caractère de leurs fonctions, limitées à l'administration de la guerre. — Le premier secrétaire d'État auquel les affaires militaires furent spécialement confiées fut Nicolas Neufville de Villeroy, nommé à ces fonctions par Charles IX le 25 octobre 1567.

C'est donc à cette époque qu'il convient de fixer l'origine du ministère de la guerre.

Villeroy eut également le premier le droit de signer les ordonnances au nom du roi (1).

Son successeur fut Louis de Révol que, jusqu'à ces dernières années, l'*Annuaire* plaçait en tête de la liste des ministres de la guerre, en fixant son entrée en fonctions au 1er janvier 1589, date de l'ordonnance de Henri III, qui a établi la répartition des attributions entre les secrétaires d'État.

---

(1) Suivant une anecdote rapportée par plusieurs auteurs, Charles IX, encore dans la fougue de la jeunesse, n'aimait pas être dérangé quand il jouait au jeu de paume, auquel il se livrait avec passion. Un jour, étant au jeu, comme Villeroy lui apportait le travail, le roi, le voyant entrer, s'écria : « Signez pour moi, mon père ! » — Le ministre le fit et conserva depuis l'habitude qu'il transmit à ses successeurs.

Villeroy rentra au ministère sous Henri IV, après la mort de Louis de Révol.

Jusqu'à Louis XIV, les ministres de la guerre, éclipsés par les grands officiers de la couronne et n'ayant ni le droit de commander aux troupes, ni l'action sur le personnel des officiers, ni la direction des opérations militaires, ni la disposition des fonds, ne possèdent qu'une autorité fort restreinte. Du reste, le pouvoir n'est guère exercé en fait, jusqu'à ce moment, que par un seul homme, le premier ministre, dont les collègues ne sont que les agents d'exécution.

Le duc de Guise, Sully, le maréchal d'Ancre, le duc de Luynes, Richelieu, Mazarin, dirigent toutes les affaires, aussi bien en ce qui concerne l'armée que la diplomatie et l'administration intérieure. Et cependant aucun de ces personnages n'eut le titre de ministre de la guerre, sauf Richelieu qui le porta pendant quelques mois, du temps du maréchal d'Ancre (1).

Que pouvaient d'ailleurs être ces fonctions lorsque la solde était allouée par le surintendant des finances ; que les colonels généraux étaient chargés de la nomination à tous les grades et emplois ; que le grand maître de l'artillerie et le surintendant des fortifications avaient la haute main sur le personnel et le matériel des armes spéciales ?

Aussi n'y a-t-il guère lieu de citer que pour mémoire les noms de Brulart (2), de Beauclerc, de Servien, de Sublet de Noyers, qui, après Révol et Villeroy, occupèrent la charge sous Henri IV et Louis XIII ; ils ne furent, en réalité, que les commis du premier ministre.

Ce fut également en qualité d'homme de confiance de Mazarin que Le Tellier arriva au ministère. Lorsque, après

---

(1) Richelieu se fit délivrer aussi par lettres-patentes la charge de *généralissime*, titre inusité jusque-là, et que personne ne porta après lui, du moins comme désignation officielle et permanente.

(2) Voir à la fin de cette notice la liste chronologique des ministres de la guerre.

la mort du cardinal, le roi eut déclaré qu'il serait lui-même son premier ministre, la situation de Le Tellier changea ; mais les attributions propres du ministère de la guerre ne furent pas accrues pour cela. Si l'on voit Le Tellier et surtout Louvois monter aussi haut, il faut reconnaître que c'était l'homme qui élevait la fonction.

Formé à l'école de Mazarin, le premier sut, par la souplesse de son caractère, la finesse de son esprit, gagner la faveur royale. Il prépara de bonne heure son fils aux affaires publiques ; mais il témoigna surtout de son habileté en s'effaçant devant Louis XIV, qui se plaisait à regarder Louvois comme son propre élève.

Louvois. — Cette conduite adroite fit la fortune de celui-ci. Plus jeune que le roi de trois ans, il obtint la survivance de son père et la charge de conseiller d'État avant d'avoir atteint sa quinzième année.

Il arriva ainsi peu à peu à exercer un pouvoir presque sans limites, mais c'était comme confident du monarque, non comme ministre.

Des deux grandes attributions du ministère, tel qu'on le conçoit de nos jours, l'administration seule appartenait jusqu'alors au ministre, toujours pris parmi les gens de robe jusqu'à la seconde moitié du xviiiᵉ siècle. Encore des restrictions de toute nature viennent-elles longtemps, comme on l'a vu plus haut, amoindrir ces fonctions. Il faut l'ambition et la persévérance de Louvois pour débarrasser l'administration de ces entraves. Il lutte énergiquement contre les prérogatives exorbitantes des grands officiers. Il ne fait par là, d'ailleurs, que seconder la politique de Louis XIV, qui tend à abattre la puissance de la haute noblesse. A l'indignation de Saint-Simon et des autres grands seigneurs, le roi s'entoure de gens de rien, qui tirent toute leur puissance de sa faveur, et c'est avec eux qu'il conduit les affaires de l'État, ne laissant aux ducs et pairs que des charges pompeuses mais vides.

Toutefois, le ministre de la guerre n'en reste pas moins simple administrateur, n'ayant aucun droit au commandement proprement dit. C'est ce que reçonnaît Louvois lui-même dans une lettre au marquis de la Vallière, à propos d'une question de préséance. Parlant du commandant d'un petit corps chargé d'opérer contre l'évêque de Liége, il écrit ces mots : « Je ne trouverais pas à redire que, le roi étant absent, M. de Pradel, qui n'est que simple capitaine aux gardes, ne me cédât point le pas pendant que je serais dans son armée (1). »

Le ministre étant placé en dehors de la hiérarchie, les généraux correspondaient directement avec le roi. Il est vrai que Louvois avait établi l'administration militaire sur un assez grand pied pour que son orgueil y trouvât des dédommagements. Aux armées, l'intendant, représentant du ministre, était indépendant du général. De là des démêlés sans fin, dont fait foi la correspondance des maréchaux de Bellefonds, de Lorges, etc. A en croire Saint-Simon et Dangeau, Louvois en arrive à vouloir charger les commissaires des guerres de tracer les camps et placer les postes. Du reste, là où s'arrête le pouvoir du ministre, intervient le dépositaire de la pensée royale. C'est à ce dernier titre que Louvois communique aux généraux les intentions du souverain, qu'il répond à leurs demandes, qu'il est l'objet des adulations du plus grand nombre. Il finit par acquérir ainsi une influence prépondérante sur la direction des opérations militaires. A leur tour, les intendants et commissaires généraux, ses fondés de pouvoir aux armées et ses confidents, exercent une action considérable et souvent décisive lorsqu'ils sont en présence de généraux timorés et médiocres, comme on en rencontre si souvent dans la deuxième moitié du règne du grand roi. On lit, par exemple, dans

(1) *Histoire de Louvois*, par M. Camille Rousset.

l'*Histoire de Louvois*, par M. Camille Rousset, que, lorsqu'en 1690 le Dauphin fut envoyé à l'armée d'Allemagne avec le titre de général en chef, ayant le maréchal de Lorges pour son conseiller et son lieutenant, le commandement effectif fut exercé par une sorte de directoire dans lequel figuraient deux ou trois familiers du ministre, et où l'élément administratif avait plus de part que le militaire (1).

Du reste, cette manière de faire la guerre était celle qui convenait le plus à Louis XIV. Les chances d'une bataille gagnée, disait-il, ne valent jamais celles d'une bataille perdue. C'est la comparaison des armées françaises et des armées étrangères, à la fin d'une campagne, qui donne les vrais résultats de cette campagne. Quand Louvois avait mis entre les mains d'un général des contrôles sérieux, avec des munitions et des vivres assurés dans des magasins bien pourvus, il ne lui demandait que de tenir ses troupes dans une discipline exacte, de s'établir sur le pays ennemi afin d'épargner d'autant les dépenses, de couvrir les places et les terres du roi, et de barrer seulement le passage aux armées étrangères, lesquelles, sans discipline et sans approvisionnements, devaient infailliblement dépérir (2).

Le secret de la préférence de Louis XIV pour les campagnes défensives ne se trouve pas du reste tout entier dans ses paroles.

Jaloux du génie de Condé et de Turenne, le roi et son ministre comptaient arriver ainsi à se passer du talent des généraux et conduire la guerre d'après la carte, du fond de leur cabinet. Mais c'était jouer le jeu de l'ennemi que de ne pas profiter de ces chefs habiles, de ces gros effectifs, de cette administration exacte, de cette

---

(1) *Histoire de Louvois*, tome IV, chapitre XII.
(2) *Histoire de Louvois*, même chapitre.

discipline rigide, de ces magasins bien pourvus, pour porter à l'adversaire de ces coups décisifs et rapides dont il ne se serait plus relevé. Laisser la guerre s'éterniser, c'était perdre les bonnes chances et laisser tourner la fortune. Louis XIV en fit la triste expérience.

Si c'était un tort grave que de faire ainsi la guerre en intendant, il faut reconnaître toutefois que Louvois mit au service de son système un talent qui n'a pas été dépassé. Avec lui, jamais les armées n'eurent à manquer de rien. Vivres, munitions, matériel de toute sorte, tout était préparé avec une admirable prévoyance et réuni au point voulu. Bien avant l'ouverture des opérations, Louvois envoyait ses agents au delà de la frontière acheter ses denrées, affamant ainsi l'ennemi du même coup qu'il assurait la subsistance des troupes françaises.

En même temps, il employait son infatigable activité et son esprit fécond à jeter les bases de l'organisation rationnelle de l'armée.

Ce serait excéder les bornes de cette notice que d'y retracer le développement successif des institutions militaires de la France, mais nous devons ici exposer succinctement la part prise par chacun des ministres dans les progrès accomplis. Parmi eux, Louvois est le premier qui ait réellement travaillé à constituer une armée; car on s'était, avant lui, servi de bandes recrutées de côté et d'autre, sans se préoccuper d'en former un tout homogène. Henri IV avait, il est vrai, projeté avec Sully un grand nombre de créations et de réformes militaires, mais la mort était venue arrêter l'exécution de ses plans. Quant à Richelieu, il n'avait pas appliqué à ce grave problème les ressources de son génie. L'histoire constate seulement qu'il fortifia l'institution des commissaires des guerres et construisit les premiers hôpitaux permanents.

Louvois organise l'armée sur des bases fixes, en réunissant les compagnies en bataillons et régiments. Jusque-là, sauf pour un très-petit nombre de corps, les capitaines étaient les maîtres absolus des hommes qu'ils avaient levés; ils étaient indépendants les uns des autres et n'étaient soumis qu'aux généraux.

Afin de suppléer à l'insuffisance des levées à prix d'argent, il crée le système des milices fournies par les communes, à raison d'un homme pour un certain nombre de feux. Trente régiments de milice provinciale sont ainsi formés.

Il fait des règlements de discipline et d'avancement, charge des inspecteurs d'armes d'en assurer l'exécution, institue l'ordre du tableau, d'après lequel les officiers généraux appelés à concourir pour le commandement ne l'exerçaient plus uniquement à tour de rôle, mais d'après leur ancienneté de grade (1).

Sur les conseils de Vauban, Louvois réunit en un corps les ingénieurs qui faisaient jusqu'à lui partie de l'infanterie. Il fonde l'école des cadets, institution précieuse pour assurer le recrutement du corps d'officiers, mais qui

---

(1) L'ancienneté ne constituait pas, d'ailleurs, un droit exclusif comme l'ont prétendu Saint-Simon et d'autres écrivains : il existe des lettres de Louvois réservant formellement le droit du général en chef, de choisir en toute liberté pour confier un commandement particulier à tel ou tel général (Voir, à ce sujet, l'*Histoire de Louvois*, par Camille Rousset, tome II, chapitre ix).

Seulement il devint de règle de suivre l'ordre du tableau pour le droit au commandement, et aussi pour les promotions. Ainsi Louvois voulant, après la mort de Turenne, élever son ami, le marquis de Rochefort, à la dignité de maréchal, se crut obligé de faire nommer en même temps les sept lieutenants généraux qui figuraient avant lui sur la liste d'ancienneté. C'est cette promotion si nombreuse qui fit désigner ceux qui en étaient l'objet sous le nom de *monnaie de Turenne*.

Il ne faudrait pas croire, d'ailleurs, que l'établissement de l'ordre du tableau supprimât complétement le roulement. Dans chaque armée, les officiers généraux continuèrent, comme par le passé, à vivre réunis au quartier général, sans que les troupes fussent réparties entre eux d'une manière invariable. Ils prenaient successivement le service pour diriger une des ailes, le centre, l'avant-garde, etc... La réforme consista principalement en ce que les officiers de service ensemble étaient subordonnés au plus ancien. Ce fut seulement le conseil de la guerre qui, à la veille de la Révolution, changea cette organisation vicieuse en créant les divisions et brigades.

ne survécut guère à son auteur, et ne fut reprise que quatre-vingts ans plus tard, par d'Argenson.

Enfin, c'est à son initiative qu'est dû l'établissement de l'hôtel des Invalides.

D'autre part, il élève sur les différents points du territoire des magasins permanents. Il s'attache à étendre l'action des commissaires-ordonnateurs. On trouve de lui jusqu'à dix ordonnances ayant trait à leurs prérogatives et attributions (1).

On peut toutefois lui adresser un reproche. Celui qui avait tant fait pour l'organisation et la discipline laissa, comme par le passé, la tradition et la routine servir de règles à l'administration. Ses ordonnances à ce sujet, toutes de circonstance, ne durent pas plus longtemps que lui. Grâce à son énergie, à sa vigilance, le désordre, les malversations furent comprimés : la source des abus ne fut pas tarie. A sa mort, le ressort se relâcha.

Derniers ministres de la guerre sous Louis XIV. — Pendant les dix années que dura le pouvoir de son fils Barbezieux, le souvenir du père exerça une influence favorable sur la marche du ministère. Mais, sous Chamillart, la faiblesse du système administratif, que ne couvrait plus le talent du ministre, apparut nettement. Homme intègre mais médiocre, s'il ne dut pas, comme l'a prétendu Saint-Simon, toute sa faveur à son talent sur le billard, il faut reconnaître que son effacement systématique devant le roi et Mme de Maintenon contribua pour la plus grande part à sa faveur, plus grande que celle d'aucun de ses prédécesseurs. Il réunit les attributions que Colbert et Louvois s'étaient autrefois partagées. Écrasé sous ce double fardeau, il se démit de sa charge en 1709. On lui doit toutefois le premier règlement qui

______

(1) Ordonnances de 1660, 1664, 1665, 1666, 1668, 1670, 1676, 1684, 1685 et 1687.

ait paru en France sur les exercices de l'infanterie (1703), et une ordonnance de marche (1707) qui demeura en vigueur pendant près d'un siècle.

Après lui, Voysin, à la fois ministre de la guerre et chancelier de France, ne put, quoique administrateur habile, arriver à tirer l'armée de l'extrême détresse où elle était tombée pendant la dernière et désastreuse guerre soutenue par Louis XIV. A ce moment, d'ailleurs, le vrai ministre était Mme de Maintenon.

CHAPITRE III

Ministres de la guerre sous Louis XV. Conseil supérieur de la guerre de 1715.

Conseil supérieur de la guerre. — Au moment où le roi ferma les yeux, la misère générale causée par ces luttes incessantes était loin d'être guérie par une année de paix. Un sentiment unanime rendait les conseillers du trône solidairement responsables de l'humiliation de la France. Aussi, le régent s'empressa-t-il de les disgracier. Sachant toutes les difficultés qu'avaient rencontrées les précédents ministres et leur faiblesse devant les intrigues de cour, il prit le parti, suivant une opinion alors en faveur, de confier la haute direction des affaires à sept conseils (1).

La présidence du conseil de la guerre fut donnée au maréchal de Villars (2). La charge de secrétaire d'État était d'ailleurs conservée, tout en étant notablement amoindrie. C'est donc à tort que plusieurs auteurs, et avec eux l'*Annuaire militaire*, désignent comme successeur de Voysin le maréchal de Villars. Villars n'a jamais signé comme ministre. Pendant la durée du conseil de la guerre, ces fonctions furent remplies par Phélippeaux marquis de la Vrillière, puis par Fleurieu, marquis d'Armenonville qui, toutefois, n'étaient guère que les agents du conseil : celui-ci préparait les ordonnances, que le ministre ne faisait que contre-signer et dont il était chargé d'assurer l'exécution.

La nouvelle institution était destinée à donner satis-

---

(1) Savoir : le conseil de régence, le conseil de conscience, le conseil des affaires étrangères, le conseil de la guerre, le conseil des finances, le conseil de la marine, le conseil de l'intérieur.

(2) Ordonnance du 26 septembre 1715.

faction à l'opinion publique. Le régent y fit entrer les généraux les plus distingués de l'époque. Le conseil comprenait, avec le président, dix membres, dont huit lieutenants généraux et deux intendants. L'ordonnance du 3 décembre 1715 en régla le service et le répartit entre les membres (1). Cette création n'amena pas les résultats qu'on était en droit d'attendre de la haute capacité de ses membres : les divisions intestines, les rivalités de pouvoir firent avorter toute tentative de réforme.

Au bout de trois ans, le maréchal de Villars, fatigué des luttes incessantes qu'il avait à soutenir, proposa lui-même la suppression du conseil au régent qui s'empressa d'y consentir.

Parmi les mesures prises pendant cette période on ne

---

(1) *Président :*

Le duc de Villars, maréchal de France : Expédition des affaires pressées et des affaires secrètes.

Vice-président :

Le duc de Guiche, lieutenant général, colonel des gardes françaises : Personnel de la tête de l'armée.

Conseillers :

De Reynold, lieutenant général des gardes suisses : Le détail particulier des troupes de sa nation.

De Saint-Hilaire, lieutenant général : L'artillerie (les dépenses exceptées).

Le marquis de Biron, lieutenant général : L'infanterie française et étrangère (sauf les Suisses).

De Puységur, lieutenant général : Police, discipline, mouvement, recrutement.

Le marquis d'Asfeldt, lieutenant général, directeur général des fortifications : Les fortifications, le corps des ingénieurs (les dépenses exceptées).

Le marquis de Joffreville et le marquis de Lévy, lieutenants généraux : La cavalerie.

De Contest, maître des requêtes, intendant des armées : Les invalides, l'approvisionnement, les hôpitaux, l'habillement, les magasins d'armes, etc.

Le Blanc, maître des requêtes, intendant des armées : Les fonds, les dépenses de tous les services, les comptes, la justice militaire, l'état civil, la maréchaussée, etc.

trouve à citer que celles qui, par raison d'économie, réduisirent à 140,000 hommes l'armée que Louis XIV avait portée à 400,000, en ramenant les dépenses de quatre-vingt-six à trente-six millions. Le conseil fit décider aussi la suppression des étapes : on appelait ainsi l'obligation où se trouvaient les habitants de défrayer les troupes en marche. A la place de cette disposition onéreuse et vexatoire, on adopta le principe d'une contribution en argent payée sur « l'extraordinaire des guerres, » c'est-à-dire par le budget des provinces (1).

Leblanc et ses premiers successeurs. — La succession du conseil supérieur de la guerre échut à l'un de ses membres, l'intendant Leblanc, administrateur expérimenté. Il eut le malheur de déplaire au cardinal Dubois qui ne craignit point de le faire enfermer à la Bastille en portant contre lui une accusation mensongère de dilapidation. Il fut remplacé par le marquis de Breteuil.

Trois ans plus tard, Leblanc fut rappelé; il conserva le ministère jusqu'à sa mort.

Du ministère de Leblanc datent les premiers travaux de réglementation des différentes branches de l'administration.

Il est l'auteur d'ordonnances sur la discipline, l'habillement des troupes, l'organisation de l'artillerie, les milices, le logement des troupes en marche; il publie un code pénal militaire, etc. C'est lui qui dote la France de la belle armée avec laquelle elle soutient la guerre de la succession de Pologne, et qui réunit les premiers camps d'instruction, en 1727, sur la Moselle et la Meuse et sur la Sambre, sous les ordres du maréchal de camp

---

(1) Le trésor royal n'avait à supporter que les dépenses dites de *l'ordinaire des guerres*, qui ne comprenaient guère que la solde en station et l'habillement. Aussi, quand au XVIIIe siècle un ministre voulait faire des économies, il faisait voyager les troupes qui étaient ainsi entretenues par l'extraordinaire.

cômte de Belle-Isle et du prince de Montmorency Tingry (1).

D'Angervilliers, son successeur, fut un ministre plus laborieux que brillant, qui s'appliqua à exécuter les vues du cardinal de Fleury. Il fit paraître une ordonnance de constitution de l'armée, des mesures répressives contre les dettes, un règlement pour le campement des troupes; il s'occupa de l'habillement et, pour la première fois, imposa l'uniforme aux officiers.

A la mort de d'Angervilliers, le marquis de Breteuil fut rappelé, bien que son premier ministère eût jeté peu d'éclat. Il promulgua l'ordonnance du 20 juillet 1741 sur le service en campagne et mourut également en fonctions, au commencement de 1743.

Voyer d'Argenson. — Malgré les efforts faits jusqu'à ce moment, l'armée manquait encore de code. Suivant l'expression du général Bardin, dans son *Dictionnaire de l'armée de terre*, « les bureaux de la guerre étaient un royaume dépourvu de constitution : chaque ministre arrivant leur octroyait une charte viagère (2). »

Pour voir modifier cet état de choses, il faut arriver au ministère de Voyer d'Argenson.

Cet homme d'État, second fils du chancelier de ce nom, avait été d'abord lieutenant général de police, et occupait la place de secrétaire d'État sans portefeuille quand il fut appelé à la guerre en remplacement du marquis de Breteuil.

Ce fut l'un des ministres les plus habiles que l'armée ait possédés. Il apporta dans toutes les branches de l'ad-

---

(1) Il y avait eu déjà des réunions analogues sous Louis XIV, mais elles ne comprenaient guère que de la cavalerie, à l'exception du camp de Compiègne (en 1698), où furent réunis 60,000 hommes de toutes armes, non pour leur instruction, mais pour celle du duc de Bourgogne.

C'est donc par erreur que Bardin attribue la création des camps d'instruction au marquis de Breteuil.

(2) *Dictionnaire de l'armée de terre.* Article *Ministère.*

ministration ses vues élevées et patriotiques. Au milieu du désarroi des finances, malgré la nécessité de soutenir une longue guerre, il sut réunir et entretenir une armée qui s'éleva jusqu'à 290,000 hommes et dont il s'appliqua à développer l'instruction militaire, en les réunissant périodiquement dans les camps de manœuvres.

Reprenant l'idée de Louvois, il fonda l'école militaire. Il fonda de même l'école d'application d'artillerie de Mézières. Le régime du soldat fut particulièrement l'objet de sa sollicitude. Il réorganisa les manutentions militaires, améliora la qualité du pain, donna le premier aux hommes des matelas, introduisit l'usage du havre-sac, etc. Avant lui, les troupes étaient presque toujours logées chez l'habitant (1), à l'exception des détachements préposés à la garnison des citadelles et des forts. Il fit construire pour elles les premières casernes et multiplia le nombre des hôpitaux. Les uniformes étaient jusque-là aux couleurs des colonels; il imposa une couleur unique pour chaque arme, créant ainsi l'uniforme national (2). Les officiers eurent le même que les hommes de la troupe; les généraux en reçurent un à leur tour. Il forma, avec les compagnies de grenadiers des milices provinciales, les régiments de grenadiers royaux.

Profitant de la suppression de la charge de directeur général des fortifications (1743) et de la mort du comte d'Eu, dernier grand maître de l'artillerie (1755), il fit réunir ces attributions à celles du ministre de la guerre. Il retira au corps des ingénieurs la construction et l'entretien des routes et créa, pour diriger ces travaux, le corps des ponts et chaussées (3).

---

(1) Comme elles le sont encore généralement en Russie et, sur certains points, en Prusse.

(2) Le premier uniforme fut donné aux troupes par le maréchal d'Ancre; il n'était autre que la livrée de sa maison.

(3) Ordonnance du 14 septembre 1750.

Il conçut l'idée de faire exécuter la grande carte de France et organisa le dépôt de la guerre, qui n'était auparavant qu'un simple dépôt d'archives.

C'est au moment où sa présence était plus nécessaire que jamais pour mener à bien les réformes entreprises, que d'Argenson fut renversé par une intrigue de boudoir. Madame de Pompadour le fit exiler dans ses terres au commencement de 1757.

Ministres militaires. — Le maréchal Belle-Isle. — Nouvelle organisation du ministère de la guerre : il réunit le commandement à l'administration. — Son neveu Paulmy, qui lui était adjoint depuis 1751, le remplaça, mais pour se démettre une année plus tard. Après lui, le ministère passa des gens de robe aux hommes d'épée. Paulmy eut pour successeur le petit-fils du malheureux Fouquet, le maréchal de Belle-Isle, qui réunit ainsi, pour la première fois depuis l'avénement de la troisième race, le commandement à l'administration de l'armée. Auparavant, on ne disait pas : *le ministre ordonne,* mais : *la cour ordonne ;* la direction des opérations militaires comme la haute main sur le personnel étaient censées ne ressortir qu'au souverain lui-même. En réalité, elles étaient à la discrétion des coteries, aux décisions desquelles l'intérêt général avait souvent la moindre part.

Les humiliantes défaites que Frédéric II et ses lieutenants infligèrent aux armées françaises firent éclater la radicale impuissance de la cour à conduire la guerre, et la mirent dans la nécessité d'abandonner le pouvoir à un ministre militaire ; mais cette réforme, bien que reconnue indispensable, ne s'accomplit pas sans difficulté ni d'un seul coup. Il en résulta une sourde rivalité où s'usèrent bien des ministres. On vit les plus éminents succomber devant des conspirations d'alcôve ; d'autres ne durent leur élévation qu'à leur asservissement devant les favorites. Il ne fallut rien moins, pour trancher définitivement la querelle, que le coup de foudre de la Révolution.

Élevé à l'école de Leblanc, avec lequel il avait été envoyé à la Bastille, le maréchal de Belle-Isle arriva au ministère avec la réputation de général habile que lui avait value sa campagne de Bohême et sa retraite de Prague (1742).

Gêné dans ses projets par la pénurie du Trésor et par la nécessité de soutenir une guerre désastreuse, il s'attacha du moins à faire de bons règlements. Par celui du 29 mars 1758, il jeta les bases d'un système équitable d'avancement en fixant le minimum du temps nécessaire pour passer d'un grade à un autre. Il créa l'épaulette comme signe distinctif du grade.

Reprenant un projet présenté par Vauban, il enleva à l'artillerie les sapeurs et les mineurs, pour les réunir aux ingénieurs et constituer le corps du génie (1). Cette réforme ne fut d'ailleurs que temporaire. Après lui, les troupes du génie furent de nouveau rattachées à l'artillerie (en 1761), pour n'en être définitivement séparées qu'en 1794 (25 frimaire an II).

L'armée fut élevée, par ses soins, jusqu'à l'effectif de 333,000 hommes (2).

Choiseul. — Le lieutenant général duc de Choiseul, nommé à la mort du maréchal de Belle-Isle, est l'un des ministres sur le compte duquel les historiens se montrent le moins d'accord.

Homme de talent, d'esprit, de caractère, il avait de brillantes qualités unies à une grande légèreté. Grand

---

(1) Ordonnance royale du 5 mai 1758.
(2) Le maréchal de Belle-Isle prit, pour l'aider dans l'exercice du ministère, un adjoint, le lieutenant général de Crémilles. Ces fonctions d'adjoint au ministre, analogues, du reste, à celles de secrétaire d'État en survivance, qu'avaient eues Louvois, Barbezieux, etc..., étaient nouvelles. Elles n'eurent qu'un autre titulaire avant la Révolution: le maréchal de camp de Montbarey, sous le ministère de Saint-Germain.

seigneur, livré à la dissipation, plongé dans les intrigues de cour, ayant à diriger, avec la guerre, la marine et les affaires étrangères, plus occupé de politique que de questions militaires, il était forcé de s'en rapporter beaucoup à ses sous-ordres. Mais il avait le mérite de les choisir judicieusement, de s'assimiler avec sagacité leurs conceptions et d'en savoir tirer parti. Si le duc de Choiseul ne sut pas mieux que son prédécesseur relever la fortune de la France sur le champ de bataille et dut signer le néfaste traité de Paris (1762), ses négociations parvinrent, du moins, à en adoucir les clauses.

A la paix, il ramena l'effectif de l'armée à 160,000 hommes; mais, voulant racheter la faiblesse numérique par une solide instruction tactique, il fit décider la réunion annuelle d'une partie des troupes au camp de Compiègne (1), dont il voulut faire, pour l'armée française, ce qu'étaient pour l'armée prussienne les camps d'instruction du grand Frédéric. Il adopta, pour la cavalerie, la tactique inaugurée par ce dernier.

Ses règlements embrassent toutes les parties du service. Par l'ordonnance du 10 décembre 1762, il abolit le principe féodal de la propriété des compagnies. Il modifie les dispositions relatives à l'avancement, réservant au choix du roi l'avancement au grade de lieutenant-colonel jusque-là donné exclusivement à l'ancienneté. Le raccolage est interdit, les régiments de marine sont créés. Dans l'intérêt de la discipline, il fixe l'heure de la retraite après laquelle aucun soldat ne doit se montrer dans les rues. Son ordonnance du 1er mai 1768 a réglé le service des places jusqu'à la promulgation du décret du 13 octobre 1863. Les pensions de retraite ne s'accordaient auparavant qu'à la faveur; des dispositions précises sont

---

(1) 42 bataillons furent réunis, en 1769, au camp de Verberie, près Compiègne.

substituées par lui à l'arbitraire. Enfin c'est à lui qu'est due la première organisation régulière d'un corps spécial d'état-major formé par les adjudants généraux et les adjudants-commandants (1).

Le duc de Choiseul a donc été le véritable législateur de l'armée. On doit néanmoins regretter sa complaisance pour les priviléges ruineux des corps privilégiés : maison du roi, gardes françaises, gardes suisses, etc., et la fâcheuse mesure dite de « l'expurgat », par laquelle il expulsa de l'artillerie et du génie les officiers roturiers.

Ces concessions à la cour ne le sauvèrent pas de la disgrâce. Les cabales de la du Barry et du duc d'Aiguillon, jointes à l'animosité du prince de Condé en faveur duquel il avait refusé de laisser rétablir la charge de colonel général de l'infanterie, finirent par le renverser : il fut exilé dans ses terres, où il emporta les regrets publics.

Monteynard. — Ses ennemis pour le remplacer tirèrent du Dauphiné où il commandait, un officier âgé et assez obscur, le lieutenant général marquis de Monteynard, avec l'arrière-pensée de diriger le ministère sous son nom. Mais leur espérance fut déçue. Se défiant de ses aptitudes administratives, le nouveau ministre commence par s'entourer de trois directeurs généraux, entre lesquels étaient réparties les affaires. Jaloux de protéger le mérite, il n'hésite pas à entrer en lutte à ce sujet contre la favorite elle-même.

On lui doit la création de l'école vétérinaire d'Alfort et la réorganisation des milices, qu'il forme en régiments provinciaux.

Mais il appliqua principalement son énergie à résister

---

(1) C'est sous l'administration du duc de Choiseul que le ministère de la guerre fut installé dans un hôtel construit pour lui à Versailles, sur la proposition de d'Argenson. Jusqu'à ce moment, les bureaux de la guerre étaient répartis dans divers locaux et dans des appartements particuliers qu'on louait à cet usage, souvent même ils étaient placés dans l'habitation du ministre.

aux mesures désorganisatrices que voulait lui imposer le contrôleur général des finances, le trop fameux abbé Terray, sous prétexte d'économie, en réalité pour faire face aux scandaleuses dépenses des maîtresses royales. On a peine à se figurer comment purent être présentées et approuvées par le roi et le conseil des ministres des propositions telles que la suppression de la solde des officiers, la suppression de l'arriéré dû aux troupes, le licenciement d'un tiers de l'infanterie, le versement au Trésor, c'est-à-dire la confiscation, des caisses militaires, etc., etc. Il n'en est pas moins vrai que si elles ne furent pas mises à exécution, ce fut grâce aux protestations vives, souvent violentes, de Monteynard qui, par sa fermeté et sa droiture, avait su en imposer à Louis XV lui-même (1).

Il ne put néanmoins empêcher l'abbé Terray de s'emparer de l'administration du matériel, c'est-à-dire des approvisionnements et marchés. Les membres du pacte de famine, parmi lesquels les écrivains contemporains placent le roi lui-même, en profitèrent pour spéculer sur la nourriture et l'entretien du soldat. Bientôt après, ce fut le tour du personnel. Malgré l'opposition du ministre, on vit la du Barry obtenir des grades élevés pour des présidents de cour, même pour des fournisseurs qui, s'ils n'en remplissaient pas les fonctions, en touchaient du moins les émoluments (2).

---

(1) Un jour, l'abbé Terray ayant refusé au ministre de la guerre d'ordonnancer le prêt des troupes, alléguant que le Trésor était épuisé, Monteynard s'emporta : « Malheureux, lui dit-il, vous n'avez jamais manqué d'argent pour payer les p... et les m... du roi, et vous n'en avez pas pour payer ses troupes ! Je ne veux plus rien avoir de commun avec des gens comme vous : je porte ma démission au roi ! » Terray, heureux de profiter de cette occasion pour se débarrasser d'un collègue incommode, se hâta de prendre les devants et vint rapporter à Louis XV les paroles textuelles qu'il venait d'entendre, comptant bien obtenir de sa colère le renvoi de Monteynard. Mais le roi, après l'avoir écouté, lui répondit sans s'émouvoir : « Il n'y a pas à balancer, il faut payer ; cet homme s'en irait comme il le dit ! »

(2) Son nègre Zamore fut nommé colonel et gouverneur militaire du pavillon de Luciennes.

La faiblesse et l'insouciance du monarque allaient croissant (1). Il finit par consentir au renvoi du ministre qui mérita d'être appelé par Dumouriez, dans ses *Mémoires :* « le vertueux Monteynard. » Après lui, le duc d'Aiguillon ne voulut plus confier le ministère à personne et s'y fit nommer lui-même. Il n'osa pas, d'ailleurs, mettre en application les mesures prônées par l'abbé Terray. Son passage au ministère fut court et ne laissa aucune trace saillante.

---

(1) Louis XV en était arrivé à ne plus vouloir s'occuper de la conduite des affaires. Après être demeuré trois mois sans être reçu, Monteynard parvint à forcer l'accès du cabinet. Il allait exposer au roi les affaires à traiter, quand celui-ci l'interrompant lui dit : « Eh bien ! quand vous me montreriez tous ces papiers, qu'est-ce que j'y verrais ?... Des pensions ?... Eh bien ! accordé ! — Le gouvernement de l'Ecole militaire ? — Accordé ! Votre travail est toujours le même... J'accorde tout. Laissez-moi ! » Et il le renvoya là-dessus (Audouin, *Histoire de l'administration militaire*). Combien on était loin alors de l'exemple de Louis XIV qui, à toutes les époques de son règne, au milieu des entraînements de la gloire et des passions, ne manqua jamais un seul jour de travailler avec ses ministres, et qui voulait tout lire et tout signer, décidant toujours tout par lui-même, après un examen personnel approfondi.

CHAPITRE IV

Ministres de la guerre sous Louis XVI. Conseil de la guerre de 1787.

Du Muy. — Le duc d'Aiguillon, tombé à la mort de Louis XV, fut remplacé par le lieutenant général du Muy, élevé peu après à la dignité de maréchal de France.

Le maréchal du Muy est représenté comme un homme austère, au courant des besoins des troupes et animé des meilleures intentions; il fit réunir en recueil les ordonnances militaires alors en vigueur; il introduisit dans la hiérarchie le grade de chef de bataillon, créa les comités d'armes, formés de la réunion des inspecteurs généraux, et réorganisa l'artillerie sur le plan préparé par Gribeauval. La mort l'emporta après une administration de dix-huit mois.

Saint-Germain. — Il avait reçu quelque temps auparavant un mémoire retraçant avec une grande force les imperfections du système militaire de la France et exposant les mesures propres à y remédier. Turgot, en ayant eu connaissance, mit le mémoire sous les yeux du roi qui, frappé comme son ministre de la justesse et de l'élévation des vues de l'auteur, appela celui-ci au poste de secrétaire d'État de la guerre. C'était le lieutenant général Saint-Germain, militaire expérimenté qui avait servi avec distinction en France et à l'étranger.

Après avoir été maréchal général et ministre en Danemark, il vivait retiré en Alsace, dans un état voisin de l'indigence.

Il arriva au pouvoir avec de vastes projets de réforme, que ses lumières lui eussent permis de mettre à exécution s'il avait eu la souplesse et la ténacité nécessaires. Pauvre et roturier (1), il eut contre lui, tout d'abord, la noblesse et le clergé. D'autre part, Louis XVI contrariait constamment, par sa faiblesse et ses temporisations, les plans de son ministre, et les paralysait en y introduisant des dispositions contradictoires.

Le général Bardin peint Saint-Germain en ces termes : « Français dévoué, citoyen bien intentionné, homme soupçonneux et peu sociable, ministre plus empressé à détruire que préparé à réédifier, dépourvu de méthode, consultant sans croire aux conseils, fixe dans ses projets et vacillant dans leur exécution, il tomba dans de graves errements et se montra aussi plein de maladresse que de droiture. »

Et ailleurs :

« Il y avait dans Saint-Germain deux personnages : le militaire vigoureux, animé de vues excellentes et l'administrateur entêté ou pusillanime; il avait la force qui conçoit, non la persévérance qui achève : tous ses actes se ressentent de ces disparates. »

Ces jugements paraissent sévères. En effet, s'il manifesta ses idées plutôt par des projets que par des actes, il faut reconnaître qu'il eut à se heurter contre les obstacles presque insurmontables que lui opposaient les préjugés et les priviléges.

Il ouvrit la voie aux réformateurs, qui n'eurent le plus souvent qu'à reprendre ses plans , auxquels l'opinion publique avait eu le temps de s'habituer.

On lui doit, d'ailleurs, un certain nombre de mesures d'une haute importance. Telles sont : la déclaration du 25 mars 1776, qui prononça la suppression de la vénalité des emplois et grades militaires, et la création des conseils d'administration de régiment.

On lui a cependant reproché avec raison sa tentative

---

(1) Louis XVI le fit comte en même temps qu'il l'appelait au ministère.

pour introduire parmi les troupes l'usage de punitions corporelles. En harmonie avec les mœurs allemandes, elles étaient incompatibles avec le caractère français. Aussi la célèbre ordonnance sur les coups de plat de sabre (1) a-t-elle suffi pour effacer dans le souvenir de l'armée le souvenir des services rendus par Saint-Germain.

Projet de création d'un conseil permanent de la guerre. — Au nombre de ses tentatives de réforme, la plus connue est son projet d'institution d'un conseil permanent de la guerre, destiné à remplacer les comités d'armes. On trouve à ce sujet, dans ses œuvres, deux rapports adressés par lui au monarque, l'un admettant le ministre de la guerre, l'autre le supprimant (2).

Dans l'exposé des motifs, Saint-Germain s'exprimait ainsi :

« La stabilité dans les principes, dans les maximes, les règlements, dans les usages même, quand ils ne sont pas défectueux et vicieux, est absolument nécessaire.

---

(1) Du 25 mars 1776.

(2) Le conseil eût été présidé par un maréchal de France et composé de sept autres membres, savoir : 1 lieutenant général, vice-président, 1 secrétaire d'Etat, rapporteur, 4 lieutenants généraux (2 d'infanterie, 1 de cavalerie, 1 d'artillerie ou du génie), 8 maréchaux de camp, 1 conseiller d'Etat, 1 intendant des finances, 1 secrétaire-archiviste, sans voix.

Tout le service de la guerre était ainsi divisé en sept sections auxquelles présidait un des principaux conseillers, savoir :

1° Infanterie, milices, invalides;

2° Troupes légères, cavalerie, écoles militaires ;

3° Artillerie, arsenaux, fonderies, poudreries, fabriques d'armes, etc.

4° Génie et fortifications;

5° Finances ;

6° Hôpitaux, vivres, fournitures, etc...;

7° Affaires contentieuses, justice militaire, etc...

Les membres non attachés à ces sections devaient faire des inspections et des tournées dans le royaume, pour connaître l'état de l'instruction et du service.

M. de Saint-Germain destinait la présidence au prince de Beauveau, dont les lumières et le caractère étaient très-estimés dans l'armée. Les généraux les plus distingués étaient désignés pour entrer dans le conseil.

L'homme ne s'accoutume pas à des changements continuels; ils lui inspirent de la défiance, souvent du mépris pour leurs auteurs, qui, eux-mêmes, par là, donnent des preuves de leur légèreté et de leur incapacité. Il faut des règles sages et fixes sur tous les objets; sans cette précaution absolument nécessaire, le même homme n'aura qu'une conduite incertaine et nulle suite dans sa marche. Comme la présomption humaine est très-grande, qu'il y a peu d'hommes qui ne se croient pas plus habiles les uns que les autres; que, par là tous sont enclins à changer l'état actuel des choses, dans le but de vouloir les améliorer, je pense que pour conserver cette stabilité nécessaire dans les règlements, les maximes et les usages, un tribunal ou conseil de la guerre est préférable à toute autre méthode.

« Un tribunal a plus de poids, de consistance, de solidité et conserve mieux les formes et les règles qu'un particulier, quel qu'il puisse être. Dans un tribunal, le même esprit, les mêmes règles sont à jamais conservés. »

C'était donc pour conserver les règles établies, pour maintenir les usages, que Saint-Germain voulait établir un conseil. Aussi, tout en le croyant indispensable, jugeat-il devoir en renvoyer l'établissement à l'époque où il aurait terminé ses réformes, craignant d'être entravé dans son œuvre. Il n'avait pu encore exécuter son dessein quand il fut entraîné dans la disgrâce de Turgot et de Malesherbes, et quitta le pouvoir, disent les auteurs du temps, aussi pauvre qu'il y était entré.

Lorsqu'à la veille de la Révolution, son projet fut repris, ce ne fut qu'avec des restrictions nombreuses et en stipulant l'entière subordination du conseil au ministre.

Saint-Germain eut pour successeur son adjoint, le maréchal de camp prince de Montbarey, désigné à ce poste par la faveur du premier ministre Maurepas.

Homme de cour et de plaisir, Montbarey ne signala son

passage par aucune institution importante. Il eut, d'ailleurs, à pourvoir aux débuts de la guerre d'Amérique (1).

Le maréchal de Ségur. — Le grand comité. — Après lui, le lieutenant général, bientôt après maréchal de Ségur, laissa dans l'armée d'honorables souvenirs.

Il commença par tirer parti des comités des inspecteurs généraux créés par le maréchal du Muy et supprimés par Saint-Germain, pour organiser une sorte de conseil de la guerre sous le nom de grand comité, formé des présidents des comités particuliers et présidé lui-même par le maréchal de Contades. Mais cette organisation ne laissa pas que d'amener des tiraillements et des difficultés avec le ministre, bien qu'il eût été accusé de s'être trop laissé conduire par le comité.

Le maréchal de Ségur travailla à l'organisation du service d'état-major; il rétablit l'infanterie légère, supprimée par le duc de Choiseul; il établit à Liancourt la première école d'enfants de troupe; enfin il promulgua un règlement sur l'habillement des troupes, qui fut suivi pendant toute la Révolution (2).

Son nom est resté attaché à l'un des actes les plus impopulaires du gouvernement de Louis XVI. Bien qu'il y fût opposé et qu'il eût personnellement voté contre dans le conseil des ministres, il eut mission de publier et de faire exécuter le règlement du 22 mai 1781 qui réservait la possession de tous les grades aux seuls gentils-

---

(1) C'est à l'occasion de la guerre d'Amérique que fut formé, d'août en octobre 1778, le célèbre camp de Vaussieux en Normandie où, sous les ordres du maréchal duc de Broglie, 60 bataillons et 40 escadrons, avec 40 pièces de canon, furent exercés aux manœuvres afin d'expérimenter les doctrines opposées de Mesnil-Durand et de Guibert, qui divisaient alors les chefs de l'armée et les écrivains militaires en partisans de l'ordre profond et partisans de l'ordre mince.

(2) Ce fut sous le ministère du maréchal de Ségur que se termina un différend avec la cour de Rome qui remontait à l'époque du siége d'Orléans par Jeanne d'Arc. Il obtint un bref dans lequel le pape autorisait les troupes à faire gras tous les jours de la semaine.

hommes, en excluant tout officier qui ne pouvait justifier de quatre degrés de noblesse. Cette mesure funeste, en blessant gravement une très-grande quantité d'anciens et honorables serviteurs, les jeta dans l'opposition et contribua certainement à hâter la Révolution.

Brienne. — Institution du conseil de guerre. — Le maréchal de Ségur ayant donné sa démission, le lieutenant général comte de Brienne fut appelé au ministère par son frère, l'archevêque de Sens.

Aussitôt arrivé au pouvoir, le nouveau ministre supprima le grand comité et, revenant à l'idée de Saint-Germain, institua le conseil de guerre. Se souvenant des démêlés de son prédécesseur avec le maréchal de Contades, il en écarta les maréchaux et prit la présidence pour lui-même.

Le conseil fut composé de dix membres : 4 lieutenants généraux, 5 maréchaux de camp et 1 ordonnateur (1).

Les fonctions de rapporteur furent confiées à l'un des membres, le maréchal de camp comte de Guibert, célèbre écrivain militaire que Saint-Germain avait associé à l'exécution de ses plans. Ses écrits contribuèrent beaucoup, non-seulement aux mesures prises par la cour, mais encore à la plupart des réformes fondamentales introduites, sous la Révolution, dans l'organisation de l'armée.

But de l'institution. — Les motifs de l'institution du conseil étaient ainsi expliqués dans le préambule de l'ordonnance :

« Sa Majesté ayant examiné avec la plus profonde attention tant l'état présent du département de la guerre que les divers changements qui se sont faits dans cette

---

(1) Lieutenants généraux : de Gribeauval, de Puységur, de Juignes, de Jeaucourt ;

Maréchaux de camp : de Fourcroy, d'Esterhazy, d'Autichamp, de Lambert, de Guibert ;

Ordonnateur : Fabre de Charrin.

branche d'administration depuis son avénement au trône, elle a reconnu que si quelques-uns de ces changements ont intimement amélioré la constitution, la discipline et l'instruction de ses troupes, il reste beaucoup de points importants qui ont encore besoin d'être perfectionnés, beaucoup d'abus qui sont susceptibles de réformes, beaucoup d'objets de dépense et de comptabilité qui peuvent être réduits ou éclairés; que le système politique des autres grandes puissances militaires de l'Europe étant maintenant de tenir leurs armées toujours prêtes à entrer en action, il est nécessaire, pour la dignité de la couronne ainsi que pour l'honneur de la nation, qu'elle mette ses forces sur le même pied ; qu'elle peut se livrer d'autant plus volontiers à leur donner cette nouvelle disposition que, bien loin qu'il doive en résulter une augmentation de charges pour ses peuples, ce sera seulement aux dépens des abus et par un ordre mieux entendu, qu'elle opérera cette amélioration et que l'excédant des économies qui en résulteront produira encore, tant pour le moment qu'éventuellement, un grand soulagement pour les finances.

« Sa Majesté considérant en même temps que, pour parvenir dans l'administration de la guerre à un double résultat aussi important et aussi avantageux, il ne suffit pas du zèle et du travail d'un seul homme ; qu'il faut appeler autour du chef de ce département les idées et les secours de plusieurs militaires éclairés : qu'il n'y a qu'un conseil ainsi composé et constitué d'une manière permanente qui puisse créer un plan, faire de bons règlements et surtout en maintenir l'exécution, mettre de la suite dans les projets, de l'économie dans les dépenses, de l'ordre dans la comptabilité, empêcher la fluctuation continuelle des principes, opposer une digue aux prétentions et aux demandes de la faveur, et, enfin, donner une consistance et une base à l'administration de la guerre, etc. »

Ainsi, le conseil de guerre, dont Saint-Germain avait voulu faire le défenseur de la tradition et la garantie de la stabilité des institutions, était précisément créé pour introduire les réformes radicales jugées indispensables.

On peut se demander si l'idée de Saint-Germain n'était pas préférable, et s'il n'eût pas mieux valu laisser à un seul l'initiative et la responsabilité des changements. Quoi qu'il en soit, le système mis en pratique par Brienne échoua sans que l'expérience ainsi faite puisse suffire à prononcer sur sa valeur, car le temps fit défaut pour permettre de recueillir les fruits attendus.

A l'arrivée de Brienne aux affaires, en septembre 1787, l'armée française comptait environ 180,000 hommes, difficilement recrutés (1).

Celle de l'empereur d'Allemagne la surpassait de 45,000 hommes. La Prusse, avec un revenu modique de quatre millions d'habitants, clair-semés dans des provinces séparées les unes des autres et sans cohésion, trouvait dans des combinaisons savantes, dans son esprit militaire qu'avait su exciter et développer le génie de Frédéric, le moyen d'entretenir sans s'obérer une armée bien disciplinée, bien exercée, égale en nombre, mais bien supérieure en force réelle à celle dont la France avait peine à supporter la charge. Le bon sens de Louis XVI était attristé d'une si fâcheuse comparaison, sa fierté s'en humiliait. Au milieu de ses embarras de toute nature, il ne perdait pas de vue l'état militaire du pays ; il eût désiré le voir à la hauteur où les nations voisines avait porté le

---

(1) Infanterie française et étrangère..... 116,342 \
Suisses et Grisons.................. 11,459   162,462 hommes. \
Cavalerie......................... 34,664 \
Troupes de l'artillerie et du génie, maréchaussée, \
  la maison du roi, environ.................. 17,538   — \
                          Total.......... 180,000 hommes. \
L'effectif des chevaux était de 30,847.

leur avec beaucoup moins de ressources, et l'élever à un niveau tel qu'il pût s'en servir pour appuyer sa politique et faire respecter sa puissance (1).

Présenter un plan de constitution militaire et un code administratif complet afin d'arriver à l'amélioration de l'armée et au soulagement des finances, telle était la tâche imposée au conseil de la guerre sous deux ministres consécutifs : Brienne et, après lui, Puységur.

Actes du conseil. — Le conseil n'eut pas le temps de les remplir et, comme il préluda à l'œuvre d'ensemble qu'il méditait par un grand nombre de mesures transitoires dont le sens échappait au public, il excita dans l'armée un sentiment de mécontentement dont les agitateurs de cette époque ne surent que trop profiter.

D'heureuses mesures signalèrent néanmoins ses travaux préliminaires. Il fit adopter en principe la répartition du territoire en divisions territoriales. Il supprima les colonels, capitaines et autres officiers dits de remplacement et à la suite, foule parasite dont l'entretien grevait inutilement les finances et qui encombrait les cadres, arrêtait l'avancement et détruisait l'émulation. Le conseil institua en revanche le grade de chef d'escadrons ; il fit allouer aux hommes de troupe la solde et le pain pour le trente-et-unième jour du mois, organisa les chasseurs à pied, réduisit les corps étrangers, mit au concours les perfectionnements à apporter aux casernes, etc. (2).

D'autre part, le conseil licencia l'école militaire, supprima le corps de la gendarmerie (3); il bouleversa le ser-

---

(1) Expressions de l'instruction donnée par le roi au conseil pour lui tracer la ligne de ses opérations.

(2) Les modifications projetées dans la tactique des armes furent mises à l'essai en 1788, dans les camps de Metz et de Saint-Omer, commandés par le maréchal duc de Broglie et le prince de Condé.

(3) Il est à peine besoin de rappeler que le corps dont il s'agit faisait partie de la maison du roi et n'avait rien de commun avec la gendarmerie actuelle, alors appelée maréchaussée.

vice des hôpitaux en substituant aux établissements existants des hôpitaux régimentaires; il introduisit enfin dans l'administration de l'habillement et des vivres, des innovations regardées alors comme fâcheuses.

Opinion sur cette institution. — En somme, parmi les dispositions prises par le conseil, le bien l'emportait notablement sur le mal. Mais comme l'ordonnance d'institution promettait beaucoup, l'opinion publique se trouva déçue. Un écrivain a défini en ces termes l'impression laissée par le conseil :

« Il se montra plus occupé à signaler les abus qu'habile à y remédier (1). »

Le même auteur a signalé comme il suit les inconvénients des conseils :

« Les grandes bases du succès sont : unité dans les plans, autorité dans leur adoption, sûreté, secret, ensemble dans l'exécution. Or, si vous cherchez l'application de ces principes, d'une part dans le cabinet du ministre, d'autre part dans la salle d'un conseil, il ne vous sera pas difficile d'accorder l'avantage de l'un sur l'autre. Le ministre est forcé de méditer et d'agir; car, seul au gouvernail, il ne peut se reposer sur personne. Si c'est un grand homme, il sentira son cœur s'enflammer, l'amour de la gloire élèvera son génie et centuplera ses forces; s'il n'est que médiocre, le désir de n'être pas évincé et la frayeur de la responsabilité le forceront encore de surmonter sa faiblesse; ce qu'il aura conçu ou adopté sera encore exécuté par lui ou par des agents de son choix, et cette succession de pensée et d'action ne formant qu'une chaîne sans intermédiaire, sans intervention d'un tiers insouciant ou perfide, les procédés et les résultats contrôlés par le même œil ne pourront être viciés.

« Il n'en est pas ainsi d'une réunion d'hommes chargés

---

(1) Andoin, *Histoire de l'administration militaire.*

d'une même chose : au lieu des passions d'un seul ministré, ils portent dans le travail les passions de tous les membres du conseil ; à l'activité ministérielle, vous voyez succéder l'indifférence ; car ce qui doit être fait par tous n'est ordinairement fait par personne ; les profondes méditations de l'homme d'État sont interrompues par l'abondante loquacité des intrigants qui aimeraient mieux que tout fût perdu que de laisser croire qu'on a terminé quelque chose sans eux ; la passion utile de la gloire n'émeut pas des hommes persuadés que la part qui leur revient d'opérations collectives ne vaut pas la peine qu'ils la recueillent ; le péril ne stimule personne.

« Enfin, cette autorité des conseils finit avec leurs délibérations. Au moment où tous ont cessé de parler, aucun ne commence à agir ; l'exécution des décisions, leur rédaction même, dont le style modifié, dénaturé, anéantit la volonté du conseil sont des opérations trop au-dessous de fonctionnaires investis d'une si haute puissance ; on les délaisse à des commis ; ceux-ci deviennent donc de véritables ministres ; mais ils n'ont point eu, comme les ministres, la latitude nécessaire à la conception des plans ; ils n'ont point dans l'exécution l'autorité pleine et la confiance que donne l'éminence du pouvoir. On a donc dans ce mode d'administration beaucoup de gouvernants et l'on n'a point de gouvernement. »

Lorsque le successeur du lieutenant général de Puységur, le maréchal de Broglie, au milieu des tristes événements qui remplirent son ministère de quatre jours (du 13 au 15 juillet 1789) eut fait prononcer la suppression du conseil de guerre en même temps que l'abrogation de l'ordonnance sur les coups de plat de sabre, la première mesure ne rencontra guère moins d'approbation que la seconde.

Du reste, au milieu du tumulte de la Révolution, l'armée ne prêtait qu'une attention distraite à des actes qui, en tout autre temps, l'eussent vivement passionnée.

Dans ses mémoires, Guibert plaida en ces termes la cause du conseil, dont il était l'âme :

« On a trop rigoureusement jugé son œuvre ; on en a condamné la plus grande partie sans examen ; on n'a jamais voulu entendre qu'un ouvrage provisoire, et sur lequel on réclamait de tous côtés des lumières n'était pas un ouvrage arrêté et contre lequel il fut raisonnable de s'élever avec tant de chaleur ; la malveillance a jeté des cris ; l'impartialité eût envoyé des observations. Et c'est cette même armée qui se soulève contre ce qu'elle a voulu avec le plus d'ardeur ; c'est dans l'armée que les anciens abus trouvent maintenant le plus de défenseurs et qu'on fait, sans s'en douter, une alliance tacite avec les systèmes que naguère on dénonçait au gouvernement. On voudrait qu'une machine toute nouvelle ait la perfection, la simplicité, la facilité d'action qu'elle ne peut acquérir que par le temps, par l'usage et par le concours des observations et du zèle de tous ! Nation inexplicable dans ses mouvements, elle soutient le lendemain les abus qu'elle a proscrits la veille ; elle provoque les réformes par ses déclamations et, quand elles se font, elle les interrompt par ses clameurs ; elle ne voit enfin le bien que par saillies et elle ne permet jamais qu'il se consolide ou qu'il s'achève ! »

Ces paroles remarquables trouveraient bien souvent leur application dans le cours de nos vicissitudes.

Un autre écrivain qui a dirigé le ministère de la guerre, le général Servan, a émis l'opinion suivante au sujet de la chute du conseil :

« La destruction du conseil de la guerre ne prouve ni qu'il fût mal constitué, ni qu'il fût inutile.....

« Un conseil de guerre serait en effet, sous tous les rapports, infiniment préférable à l'administration d'un seul ; mais il faudrait que le secrétaire d'État chargé du département de la guerre restât comptable envers la nation et qu'il eût, par conséquent, le droit de veto toutes les fois que le conseil s'éloignerait de la lettre des lois ou qu'il ordonnerait des dépenses qui n'auraient pas été prévues par la législation ; il faudrait encore restreindre les droits du conseil en ce qui concerne la partie législative et les borner à préparer les règlements nécessaires à l'exécution des décrets nationaux sanctionnés par le roi ; il faudrait, enfin, faire du conseil un corps destiné à juger en dernier ressort les différends qui s'élèveraient entre les membres de l'armée. »

Organisation intérieure du ministère jusqu'à la Révolution. — Avant d'entrer dans la période révolutionnaire, il convient d'indiquer comment était organisée l'administration centrale de la guerre aux xviie et xviiie siècles.

Louvois, dirigeant les affaires de la guerre d'après sa propre volonté et les instructions du roi, avait sous ses ordres, d'abord douze, ensuite vingt et un commis titulaires répartis en sept bureaux. Le personnel fut augmenté par ses successeurs ; mais il ne paraît pas que sous le règne de Louis XIV les bureaux aient été constitués avec des attributions définies et permanentes.

On a vu quelle était la répartition des affaires dans le conseil supérieur institué en 1715, sous la présidence du maréchal de Villars. Cette répartition en dix bureaux servit de base à l'organisation du ministère.

En 1758, sous le maréchal de Belle-Isle, on y trouve également dix bureaux dont les cinq premiers, sous la direction immédiate du ministre et de son adjoint, le lieutenant général de Crémilles, sont chargés du personnel des états-majors et des différentes armes, des mouvements, du contentieux, des invalides. Un intendant a sous ses ordres les quatre bureaux des fonds, des subsistances, de l'habillement, des hôpitaux et lits militaires. Le bureau des milices complète le nombre.

Le duc de Choiseul confia à cinq chefs principaux la direction de tout le service, qui fut réparti comme il suit :

1er District.—Opérations militaires, grâces, maison du roi, état-major général, infanterie, cavalerie, ordres de chevalerie, pensions de retraite, mouvements des troupes, revues des inspections, étapes, artillerie, génie et fortifications.

2e District. — Police des troupes et de l'intérieur du pays, expédition des brevets, personnel de l'état-major des places et des commissaires de guerre.

3e District. — Affaires contentieuses, lettres de cachet contre les personnes appartenant à l'armée, écoles militaires, invalides, contrôles des troupes, maréchaussée.

Un autre district, dirigé par un intendant, était chargé de la solde des troupes et états-majors, des pensions et gratifications, des vivres, fourrages, fournitures diverses, hôpitaux et lits militaires, enfin des fonds de la marine. En dernier lieu, un maréchal de camp, M. de Vaux, avait l'administration des milices provinciales et des gardes-côtes, la correspondance des commandants et généraux d'armée, etc.; il avait également la direction du bureau des plans des ingénieurs géographes et le dépôt de la guerre. M. de Vaux conserva cette position jusqu'en 1790.

Après la disgrâce du duc de Choiseul, les bureaux de la guerre, au lieu de continuer à être réunis en districts, recouvrent leur indépendance relative. On en compte douze sous le maréchal de Muy, dix sous Saint-Germain, sept sous Brienne. Ces variations proviennent de réunions ou de dédoublements, sans que le mode de répartition des affaires soit d'ailleurs sensiblement modifié.

On trouve avec étonnement dans l'énumération des attributions des bureaux de la guerre, depuis le ministère de Choiseul jusqu'à la Révolution, les détails suivants :

« Expéditions pour la convocation des États, instructions des commissaires et réponses aux cahiers desdits États ; nomination des agents municipaux. Élection et nomination des abbés réguliers et de leurs coadjuteurs ; attaches sur bulles et brefs de la cour de Rome ; lettres de cachet contre les ecclésiastiques, passe-ports des juifs ; ordres relatifs aux émeutes et assemblées tumultueuses de religionnaires ; affaires de contrebande. »

Le nombre des employés du ministère avait pris, après Louvois, une extension considérable. Il était de 143, en 1755, sous le ministère de Voyer d'Argenson, et de 156 en 1777, sous Saint-Germain. L'organisation du personnel fut fixée par ce dernier ministre dans les régléments du 27 juin et du 21 juillet 1776, qui classaient les commis du ministère dans le corps des commissaires des guerres.

CHAPITRE V

Période de la Révolution.

Les assemblées absorbent les attributions du pouvoir exécutif. — Après la retraite du maréchal de Broglie, tombé le lendemain de la prise de la Bastille, les ministres assistent impuissants à la désorganisation de l'armée causée par l'émigration. Emportés tour à tour par la tourmente, ils ne font que passer aux affaires.

Tel est le cas du lieutenant général la Tour du Pin Gouvernet et du maréchal de camp Duportail.

D'ailleurs ces ministres et leurs successeurs ne sont que les agents des assemblées souveraines, qui absorbent en elles-mêmes tous les pouvoirs. L'Assemblée constituante, puis l'Assemblée législative, forment dans leur sein un comité militaire auquel revient toute initiative et qui hérite, de fait, des attributions du conseil de guerre, en y ajoutant le pouvoir de faire exécuter.

C'est à ces comités, c'est aux assemblées elles-mêmes qu'il faut attribuer les immenses réformes opérées dans l'ordre militaire comme celles de l'ordre civil.

Ainsi la maison du roi, les corps privilégiés sont supprimés, l'organisation rationnelle proposée par Guilbert est mise en pratique. Le drapeau aux trois couleurs est adopté (30 juin 1790); le règlement du 1er août 1790 sur les manœuvres de l'infanterie est promulgué; la loi du 14 octobre 1791 met à exécution la mesure arrêtée par le conseil de la guerre et répartit le territoire en divisions militaires, dont chacune est commandée par un lieutenant général et administrée, au nom du ministre, par un commissaire ordonnateur.

Comité central militaire et bureau d'état-major central. — Cependant le souvenir des réformes ou plutôt des projets du conseil de la guerre suggère l'idée de revenir à l'organisation créée par Brienne. Auprès du ministre est institué un comité central dont l'objet était, aux termes de la décision royale du 2 décembre 1791 :

« De lier ensemble toutes les parties de l'administration du département de là guerre, et de former un point de réunion où les chefs de bureau trouveront des officiers instruits avec lesquels ils discuteront et prépareront les objets importants qu'ils doivent soumettre au ministre; enfin d'être un centre de surveillance et de prévoyance pour tout ce qui peut contribuer à l'avantage de l'armée. »

Ce comité était composé de sept membres titulaires : trois maréchaux de camp, un colonel, deux lieutenants-colonels et un capitaine, et de deux adjoints : un lieutenant-colonel et un capitaine. C'était une bien pâle imitation du conseil supérieur : que pouvait ce fantôme de comité auprès d'un fantôme de ministre ? Bientôt après disparut cette institution bâtarde, sans avoir laissé aucune trace de son passage.

En même temps (11 décembre 1791) est organisé un bureau d'état-major central chargé, suivant l'exposé des motifs, « de réunir sous les yeux du ministre, les différentes parties et tous les rapports de l'état actif de l'armée. Il doit être le dépôt de toutes les décisions et de tous les rapports importants, ainsi que des états sommaires de tout ce que le ministre aura signé. On y réunira toutes les cartes et plans nécessaires au travail du ministre. Les plaintes contre l'administration seront renvoyées à ce bureau, dirigé par un adjudant général de l'armée. »

Le comité central et le bureau d'état-major étaient dirigés par le général d'Arçon et l'adjudant général Berthier.

Narbonne. — Le successeur de Duportail, le maréchal de camp, comte de Narbonne Lara, se distingua, pendant son court et orageux ministère, par une infatigable activité. Il fit un voyage aux frontières, inspecta les armées et adressa, à son retour, un rapport remarquable à l'Assemblée législative. C'est à lui qu'est due la création de l'artillerie à cheval. Enfin, il réorganisa l'administration centrale, qui forma cinq bureaux, savoir :

Le bureau d'administration générale,
    —   d'inspection générale,
    —   des grâces et emplois militaires.
    —   de correspondance générale,
    —   de l'artillerie et du génie.

A côté de ces bureaux se trouvait le dépôt de la guerre, dirigé par le général Mathieu Dumas.

Devenu suspect au roi à cause de sa popularité, Narbonne est forcé de donner sa démission et de céder la place au maréchal de camp marquis de Grave, patronné par Dumouriez. Mais l'orage qui s'amoncelle effraie bien vite le nouveau ministre. A la suite des affaires de Quiévrain et de Tournay et du massacre de Dillon, il se retire à son tour. Il est remplacé par le maréchal de camp du génie Servan qui dans cette même année, passe deux fois au ministère. C'est ce dernier qui licencie la garde constitutionnelle du roi et les régiments suisses (1).

Ministres révolutionnaires. — Pache. — Bouchotte. — Après Servan, le ministère tombe aux mains des Jacobins, qui y font placer Pache (2), dont, suivant le mot d'un historien, « l'incapacité coûta plus à la France que n'eût pu faire l'invasion d'une armée. » Thiers le dépeint

---

(1) Trois ministres de la guerre périrent dans la tourmente révolutionnaire. Brienne et la Tour du Pin Gouvernet montèrent sur l'échafaud ; d'Abancourt fut compris au nombre des victimes des massacres de septembre 1792. On pourrait ajouter à cette liste funèbre le général Beauharnais, nommé ministre le 13 juin 1793, mais non acceptant.

(2) Ancien secrétaire du maréchal de Castries et précepteur de ses enfants, commissaire de marine depuis la Révolution.

comme un homme simple, laborieux et honnête, mais d'un caractère faible et toujours prêt à se plier à toutes les exigences des exaltés. Il renvoya les anciens employés des bureaux, qui n'étaient qu'au nombre de 120 sous le ministère précédent, et mit à leur place des individus qui n'avaient d'autres titres que d'appartenir au club des Jacobins. D'après Bardin, le personnel du ministère arriva ainsi à compter 1,200 individus. Malgré ces complaisances, la Convention le destitua par décret du 2 février 1793. Le lieutenant général de Beurnonville lui succéda. Dans une tournée qu'il fit à l'armée, il fut arrêté par Dumouriez et livré par lui à l'ennemi (1).

Après lui Bouchotte, ancien quartier-maître d'un régiment de hussards, fait lieutenant-colonel à la Révolution, continue les errements de Pache. Mais les fonctions ministérielles sont encore restreintes par la création du comité de Salut public, tiré de la Convention et formé de neuf membres et de trois adjoints, qui exerce la plus absolue des dictatures (2).

Bouchotte inonde l'armée de ses affidés, choisis tous parmi les montagnards les plus fougueux. Chargé de constituer une armée, dite révolutionnaire, destinée à faire exécuter les ordres de la Convention à l'intérieur, il la compose de forcenés et de repris de justice. Il répand à profusion parmi les troupes le journal *le Père Duchêne*, qui prêche ouvertement l'indiscipline et la révolte (3). Appuyé sur Vincent, secrétaire général du ministère, et sur Ronsin, commandant de l'armée révolutionnaire,

---

(1) Il fut échangé au commencement de 1795, ainsi que quatre députés livrés en même temps que lui, contre la fille de Louis XVI, duchesse d'Angoulême.

(2) Le comité de Salut public fut créé par le décret du 6 avril 1793.

(3) On lisait dans la feuille d'Hébert des passages de ce genre adressés aux soldats : « Eh ! comment souffrez-vous que ces épauletiers (c'est ainsi qu'il appeloit les officiers) viennent voir comment on mange la soupe ? Chassez-les des chambres ! » — Bouchotte avait donné 200,000 francs à Hébert pour payer les exemplaires distribués dans l'armée.

deux des membres les plus remuants du club des Corde-
liers, il ose enfin se mettre en lutte contre le comité de
Salut public lui-même.

*Suppression des ministères. — Leur remplacement par
des commissions. — Le comité de Salut public.* — C'était
démontrer au comité que les ministres avaient encore
trop de puissance. Aussi obtient-il de la Convention le
décret du 1ᵉʳ avril 1794 abolissant les ministères. L'armée révolutionnaire est en même temps licenciée.

Les ministères supprimés furent remplacés par douze
commissions. Au lieu du ministère de la guerre, il y eut
la commission exécutive, dite de l'organisation et du mouvement des armées de terre. Mais trois autres commissions avaient reçu toutefois une partie des attributions
du ministère. C'étaient : la quatrième commission, commerce et approvisionnements, chargée de la subsistance
et de l'habillement des troupes ; la cinquième, travaux
publics, qui avait les fortifications ; enfin la onzième commission : armes, poudres et exploitation des mines.

L'adjudant général Pille était à la tête de la commission de l'organisation et du mouvement des armées de
terre.

Mais le véritable ministre était le comité de Salut public qui déployait une énergie extraordinaire. Il avait
successivement décrété la réquisition permanente (1),
c'est-à-dire la levée en masse, qui avait jeté un million
d'hommes dans les dépôts, requis les chevaux, établi des
manufactures d'armes, des poudreries, des fonderies de
canons, etc. En même temps l'un de ses membres, Carnot,
dirigeait les opérations militaires et contribuait puissam-
ment par ses plans au succès de la campagne de 1794.

Rétablissement des ministères. — Ce ne fut que lorsque
le comité déposa le pouvoir, à la dissolution de la Con-

____

(1) Décret du 23 août 1793.

vention, que les ministères furent rétablis (1). Mais ce furent les membres du Directoire qui continuèrent à diriger les affaires militaires, comme l'avaient fait avant eux les comités.

Le lieutenant général de division Aubert-Dubayet, nommé ministre de la guerre le 3 novembre 1795, quitta ce poste après quelques mois pour être nommé ambassadeur en Turquie.

Il eut pour successeur Petiet, commissaire ordonnateur, qui s'appliqua à ramener un peu d'ordre dans l'administration de la guerre. C'est de lui que date l'établissement du budget annuel, le rétablissement des masses d'entretien, enfin c'est lui qui fit entreprendre les études relatives à l'organisation de la conscription.

Après lui, le général de division Schérer fut accusé d'avoir laissé, par mollesse, s'introduire des abus criants dans les entreprises.

Ce fut pendant son ministère que fut établie la conscription. Un système analogue était déjà appliqué, sous l'ancien régime, pour les milices provinciales, abolies par la Constituante. Les volontaires dans le premier élan d'enthousiasme contre l'invasion, ensuite la levée en masse avaient pourvu aux besoins du recrutement pendant les premières années de la Révolution; mais il était devenu indispensable de trouver un moyen de combler les vides que le feu et la désertion avaient faits dans les rangs de l'armée, quand Jourdan présenta au conseil des Cinq cents et fit adopter cette grande mesure (2). Le général de brigade Milet de Mureau, ancien officier du génie, succéda à Schérer et fut remplacé lui-même, après quelques mois, par le général de division Bernadotte, dont le passage aux affaires ne fut que de très-courte

---

(1) Décret du 10 vendémiaire, an IV (2 octobre 1795).
(2) Le 4 fructidor, an VI (21 août 1798). Le décret est du 19 fructidor.

durée. Les *Mémoires de Napoléon* rapportent qu'il fut renvoyé par Sieyès du ministère, où il ne faisait que des fautes ; mais il est permis de croire que la passion a dicté ce jugement, d'autant que Bernadotte était à cette époque le représentant du parti républicain, contre lequel la majorité du Directoire recherchait l'appui de Bonaparte.

Servan fait, au contraire, l'éloge de l'activité, de la fermeté, des ressources d'esprit déployées par ce ministre. Pendant les soixante-quinze jours que dura son administration, il accéléra le fonctionnement de la conscription, tira des dépôts les conscrits en état de marcher et renforça les armées de manière à leur permettre de résister et même de prendre l'offensive.

Dubois de Crancé, général de division, ancien conventionnel, nommé en remplacement de Bernadotte, avait, dès 1790, proposé à l'Assemblée constituante de déclarer que tout Français naît soldat. Mais cette proposition qui était le germe de la conscription avait été rejetée alors, « une semblable mesure ne pouvant, » disait-on, « convenir qu'à la Prusse ou à la Suisse. »

C'était déjà l'argument dont, trois-quarts de siècle plus tard, devaient à leur tour se servir les adversaires du service obligatoire et des réformes à introduire dans l'armée. Dans un cas comme dans l'autre, les événements se chargèrent de faire la lumière et de briser les résistances.

Dubois de Crancé avait l'intention de réunir un conseil permanent de généraux qui eût discuté les mesures administratives avant leur mise à exécution. C'était une réminiscence du conseil de la guerre que le ministre n'eut pas le temps de mettre à exécution. Les *Mémoires de Napoléon* le dépeignent comme un homme de parti, incapable de remplir ses fonctions, peu estimé, n'ayant aucune habitude d'ordre et de travail.

Ce qu'il y a de certain, c'est qu'il fut renvoyé après le

18 brumaire, qu'il s'était efforcé de prévenir et d'arrêter. Bonaparte fit nommer à sa place le général de division Berthier, son chef d'état-major général en Italie et en Egypte (1).

---

(1) Berthier était le fils d'un ingénieur distingué qui, sous Louis XV, avait construit l'hôtel du ministère de la guerre, à Versailles, et dressé la magnifique carte dite des chasses du roi. Berthier père était le chef du corps des ingénieurs géographes.

CHAPITRE VI

Ministres sous le Consulat et l'Empire.

Berthier, Carnot, Clarke. — Berthier quitta peu après le ministère pour aller prendre le commandement de l'armée de réserve. Il eut Carnot pour successeur. Mais à côté du génie dominateur de Bonaparte, il n'y avait pas de place pour l'homme habitué à organiser les armées et à régler les plans de campagne, car le premier consul se réservait pour lui-même cette tâche qu'il savait si bien remplir. Il ne lui fallait qu'un second intelligent et docile, habitué à le comprendre et à faire exécuter ponctuellement ses ordres. Nul n'était plus propre que Berthier à remplir ce rôle, dont il s'acquitta, soit comme ministre, soit comme major général, avec une intelligence, un dévouement et une fidélité dont il ne se départit jamais. Il revint au ministère aussitôt après la campagne et y demeura pendant sept ans, jusqu'au moment où l'empereur, jugeant préférable de le conserver à poste fixe auprès de lui, le remplaça au ministère par Clarke, qui ne fut jamais, d'ailleurs, que le subordonné du major général.

Napoléon a représenté ce dernier dans ses *Mémoires*, comme « un employé laborieux, utile, incorruptible, excellent rédacteur, un bon commis, mais point militaire. »

Pendant la période du consulat et de l'empire, il n'y a pas à signaler beaucoup de réformes importantes dans l'armée ni dans l'administration.

Ce n'était guère le temps, en effet, de songer à préparer des règlements.

On doit toutefois citer au nombre des mesures intéressant la constitution de l'armée : la création de la Légion d'honneur, la fusion, à Metz, des écoles d'application d'artillerie et du génie, la création de l'école spéciale militaire de Fontainebleau, enfin l'organisation militaire du train d'artillerie, mesure appliquée un peu plus tard au train des équipages et aux infirmiers.

Quant au grand nombre de décrets, de règlements et d'instructions qui parurent à cette époque pour régler la marche de toutes les parties de l'administration, elles se ressentaient des conditions anormales faites à l'armée. De même que les mesures d'organisation prises au début de chaque guerre, et notamment en 1812, elles ne survécurent pas aux circonstances qui les avaient fait naître. Il faut en excepter cependant le décret du 24 messidor an XII sur les honneurs et préséances qui n'a pas cessé d'être en vigueur.

Les troupes continuèrent d'ailleurs à faire usage des règlements de tactique et de service qui avaient paru dans la seconde moitié du xviiie siècle.

Ainsi, par un contraste singulier, Napoléon, qui donna une si énergique impulsion à la refonte des lois civiles, n'a laissé à peu près aucune trace de son action dans la législation militaire.

Dédoublement du ministère. — L'une des innovations de cette époque fut le démembrement du ministère de la guerre. Auprès de Napoléon, le ministre n'était autre chose qu'un major général; l'empereur voulut créer à côté de lui un intendant en chef et décharger ainsi le premier d'un fardeau que l'extension démesurée des forces militaires et des territoires occupés rendait trop lourd peut-être pour un seul homme.

Ministère de l'administration de la guerre. — L'arrêté du 17 ventôse an X (8 mars 1802) dédoubla le ministère. La souche primitive conserva le nom de ministère de la guerre; la branche détachée prit celui de direction de l'administration de la guerre. A sa tête était placé un directeur ministre qui, d'abord subordonné dans une certaine mesure au ministre de la guerre, prit bientôt rang à côté de lui (sénatus-consulte organique du 28 floréal an XII, 18 mai 1804).

En procédant à cette réforme, Napoléon annonçait l'intention de séparer le personnel du matériel. Mais la répartition des attributions ne laissa pas que d'être assez arbitraire.

Ainsi, le ministre de la guerre eut, aux termes du décret précité du 8 mars 1802 :

« La levée, l'organisation, l'inspection, la surveillance, la discipline, la police et les mouvements des armées de terre ; le personnel et le matériel de l'artillerie et du génie ; les fortifications et places de guerre ; les poudres et salpêtres ; la garde consulaire ; la gendarmerie ; la police militaire ; les écoles militaires, les emplois et les récompenses, la solde, les traitements et les indemnités ; les retraites ; l'admission dans les corps de vétérans et à l'hôtel des Invalides ; les prisonniers de guerre ; le dépôt et les archives de la guerre. »

Le ministre directeur de l'administration reçut de son côté :

« L'administration et la comptabilité des services des vivres, des fourrages et des remontes, des hôpitaux, de l'habillement, des lits militaires, des indemnités de logement et de fourrages, du chauffage, du gîte et du geôlage, des convois et transports, et la surveillance des commissaires des guerres, agents de l'administration militaire et officiers de santé. »

Le corps du commissariat fut placé sous les ordres du ministre directeur, tandis que les inspecteurs aux revues demeurèrent les agents du ministre de la guerre.

Les conséquences de cette organisation sont appréciées comme il suit par un fonctionnaire de cette époque :

« D'un dédoublement d'autorité tracé par une ligne si ondoyante, devaient résulter, à tous moments, des conflits de juridiction pour certains points, des défauts de juridiction sur certains autres.

« Ce démembrement présenté comme un moyen de simplification eut un résultat prodigieux : Il doubla d'un trait de plume toutes les écritures.

« Les inspecteurs aux revues, d'une part, les commissaires de l'autre, avaient à correspondre à la fois avec les deux ministres et souvent sur le même objet.

« Le même fonctionnaire dut obéir à deux chefs ; il recevait à la fois deux impulsions différentes. Il y eut excentricité de pouvoirs ; chacun exerça sur le domaine de son voisin ; les fonctions entrèrent les unes dans les autres. Ce fut une confusion extrême (1). »

On ne saurait, toutefois, accepter cette opinion sans réserve ; car ce n'est pas au point de vue de l'employé ou du fonctionnaire qu'il faut se placer pour juger cette réforme. On doit la considérer par rapport aux ministres, dont la tâche divisée devint moins écrasante et par rapport surtout à l'empereur qui était ainsi mieux secondé.

Peu après la division des fonctions fut poussée plus loin encore. Par décret du 8 juillet 1806 était créé un directeur général de la conscription et des revues indépendant des deux ministres. Enfin, un décret du 5 mars 1812 sépara la direction générale des revues de celle de la conscription et établit ainsi une nouvelle subdivision d'attributions et de pouvoirs.

Les ministres de l'administration de la guerre furent successivement les généraux Dejean et Lacuée de Cessac, et l'intendant général Daru.

L'exposé qui précède sur cette organisation nouvelle dispense d'entrer dans de nouveaux détails au sujet des actes de ces ministres, qui secondèrent d'ailleurs avec

---

(1) Ballyet, *De la constitution de l'administration militaire en France.*

habileté les vues de Napoléon et l'aidèrent à lever et à organiser successivement les masses d'hommes nécessaires pour former et entretenir les armées qui combattirent sur tous les points de l'Europe.

CHAPITRE VII

Ministres de la guerre depuis la première Restauration jusqu'à la chute du second Empire.

Ministère de la guerre pendant la première Restauration et les Cent jours. — Dupont, le maréchal Davout. — Après l'abdication de l'empereur, le gouvernement provisoire créa, le 3 avril 1814, des commissions provisoires chargées des divers départements ministériels.

Le général Dupont, président de la commission de la guerre, fut nommé ministre secrétaire d'État au même département le mois suivant. Il procéda à la réorganisation de l'armée sur les bases plus modestes qui convenaient à la situation faite à la France. Il dut céder à la volonté de la cour en reconstituant l'ancienne maison du roi, dont les priviléges n'étaient plus en harmonie avec les institutions nouvelles. Bien que son administration ait été attaquée avec violence et que la tache de Baylen ait singulièrement diminué son autorité morale aux yeux de l'armée, on doit reconnaître qu'il résista énergiquement à la pression de l'entourage royal, et qu'il maintint presque exclusivement à la tête de l'armée des officiers qui avaient fait la guerre sous Napoléon, au lieu de n'y placer que des créatures de la cour : émigrés et anciens officiers de l'armée de Condé.

Démissionnaire à la fin de 1814, Dupont eut pour successeur le maréchal Soult. Au moment du débarquement de l'île d'Elbe, suspect d'être favorable à la cause impériale, ce dernier fut remplacé par le duc de Feltre, Clarke, qui fut presque aussitôt forcé de se retirer à Gand. Il demeura pendant les Cent jours auprès de Louis XVIII, avec lequel il rentra ensuite en France.

A peine arrivé à Paris, Napoléon choisit pour ministre de la guerre le maréchal Davout.

Nul n'était plus propre que cet illustre homme de guerre à la lourde tâche qui incombait au ministère dans ces graves circonstances. Probe, énergique, éclairé, laborieux, le maréchal joignait aux qualités les plus éminentes du chef militaire toutes celles de l'administrateur.

Le génie de l'empereur trouva en lui un précieux auxiliaire pour lever et mettre sur un pied respectable la belle armée avec laquelle fut entreprise la campagne terminée par le désastre de Waterloo.

Lorsqu'à la suite de cette funeste journée, la France fut de nouveau envahie, et que Napoléon fut contraint à abdiquer, le maréchal Davout, loin de s'abandonner au découragement comme presque tous ceux qui l'entouraient fit les plus grands efforts pour réformer et réorganiser les débris de l'armée française. Il parvint ainsi à réunir sous Paris une force imposante qui contint les alliés et dont la présence contribua à adoucir les clauses de la capitulation et de l'armistice.

Aussitôt les préliminaires signés, le maréchal, comprenant que son rôle comme ministre était terminé, donna sa démission pour rendre au pays un dernier service en prenant le commandement des troupes réunies sous Paris et en les conduisant derrière la Loire.

Changement de caractère des fonctions ministérielles. — Ministres parlementaires. — A partir de la Restauration, les fonctions ministérielles changent de caractère. Au lieu d'être, comme par le passé, les agents du souverain, les ministres assument la responsabilité des actes du gouvernement et ne peuvent exercer que s'ils possèdent la confiance du parlement. Cette disposition, inhérente au régime inauguré à cette époque, a l'inconvénient de subordonner entièrement la marche des affaires à la politique, et d'enlever aux principaux dépositaires de l'autorité la stabilité indispensable à une bonne administration (1).

Cet inconvénient fut exagéré après 1830. En six ans, de 1834 à 1840, neuf ministres de la guerre se succèdent. L'un d'eux ne reste en fonctions que huit jours (2).

Sous la République de 1848, ces mutations deviennent même plus fréquentes, et l'on compte en trois ans, du 24 février 1848 au 24 janvier 1851, huit ministres, dont les trois premiers ne conservent le portefeuille qu'un mois chacun.

Par une exception qui, depuis le maréchal de Belle-Isle, ne s'était produite encore qu'une fois (3), une personne étrangère à l'armée est désignée pour remplir les fonctions ministérielles, c'est Arago (4).

Après le coup d'État du 2 décembre 1851 et jusqu'au mois de janvier 1870, les ministres redeviennent ce qu'ils étaient avant le régime parlementaire et ne sont plus soumis à l'agrément de la majorité des Chambres. Cette disposition, il faut le reconnaître, a l'avantage de leur permettre de se consacrer avec plus de suite à la direction des affaires. Le maréchal Vaillant reste ainsi à son poste pendant cinq ans, le maréchal Randon pendant huit ans.

A partir du 19 janvier 1870, les ministres sont de nouveau responsables devant les Chambres, ainsi que cela existe encore aujourd'hui.

---

(1) On sait que cette disposition n'existe pas aux Etats-Unis. On ne saurait donc dire qu'elle est nécessaire à un gouvernement libre.

(2) Le général Bernard, du 10 au 18 novembre 1834. Il fut une seconde fois ministre de 1836 à 1839.

(3) En octobre 1792, lors de la nomination de Pache comme ministre de la guerre.

(4) La troisième République a ramené pour la troisième fois cette exception. Les fonctions ministérielles, sinon le titre même de ministre, furent en effet attribuées en province, pendant le siége de Paris, d'abord au vice-amiral Fourichon, ministre de la marine, puis à M. Crémieux, ministre de la justice, enfin à M. Gambetta, ministre de l'intérieur.

Sous-secrétaires d'État de la guerre. — A différentes reprises, la charge de sous-secrétaire d'État du ministère de la guerre a été instituée. On trouve des sous-secrétaires d'État en 1816 et en 1817, en 1830, de 1845 à 1848 ; un sous-secrétaire d'État, le colonel Charras, sous la seconde République ; enfin un dernier, M. le général Letellier-Valazé, aussitôt après la guerre de 1870.

Cette institution ne paraît pas avoir présenté de grands avantages si l'on en juge même par le peu de temps qu'elle est demeurée en vigueur à chaque essai.

Le sous-secrétaire d'État, ayant aussi le caractère parlementaire, est soumis aux mêmes vicissitudes que le ministre lui-même et il ne sert guère qu'à le doubler lors des discussions devant les Chambres.

Au contraire, il y aurait sans doute intérêt à avoir auprès du ministre un fonctionnaire indépendant des pouvoirs législatifs, qui puisse ainsi, dans les changements de cabinet, maintenir la tradition et la fixité des vues, tout en poursuivant les réformes entreprises.

C'est ce fonctionnaire qui existe chez plusieurs nations de l'Europe, sous le nom de chef d'état-major de l'armée.

Principaux ministres de la guerre pendant cette période. Le maréchal Gouvion Saint-Cyr. — Parmi les ministres de la guerre qui se sont succédé depuis la chute du premier Empire jusqu'en 1870, deux surtout doivent être signalés pour les réformes fondamentales qu'ils ont apportées dans l'organisation générale de l'armée ; ce sont le maréchal Gouvion Saint-Cyr sous la Restauration et le maréchal Soult sous le règne de Louis-Philippe.

Le maréchal Gouvion Saint-Cyr fut l'organisateur de l'armée, qu'il avait fallu licencier après l'Empire pour la reconstituer en entier sur de nouvelles bases. Il ne suffisait pas pour cela de réformer les cadres, il fallait aussi pourvoir à l'avenir. La Restauration s'était accomplie aux

cris de : « Plus de conscription ! Plus de droits réunis ! »
Céder à ces exigences aurait été la ruine de l'armée et
celle des finances. Gouvion Saint-Cyr eut assez d'autorité
pour obtenir de Louis XVIII qu'il revînt sur l'imprudent
engagement pris par lui à sa rentrée en France et pour
faire voter aux Chambres la loi du 10 mars 1818 sur le
recrutement qui reproduisait sous un nouveau titre les
dispositions de la loi de Jourdan.

Le maréchal Gouvion Saint-Cyr s'occupa, en même
temps, d'organiser les écoles militaires de Saint-Cyr et de
la Flèche (31 décembre 1817 et 10 juin 1818), créa les
compagnies de discipline (1ᵉʳ avril 1818), le corps d'état-
major (6 mai 1818). Il réglementa le service intérieur des
troupes d'infanterie et de cavalerie (règlements provisoires du 13 mai 1818), l'avancement (ordonnance du 2 août
1818); fit adopter la loi relative aux servitudes militaires
(17 juillet 1819), etc., etc.

Le maréchal Soult. — De son côté le maréchal Soult fut
le véritable législateur de l'armée. Homme de guerre
d'une expérience consommée et d'une grande énergie,
esprit fécond en ressources, travailleur infatigable, pendant les neuf années que durèrent ses deux ministères,
il s'appliqua sans relâche à assurer la discipline, ainsi
qu'à perfectionner et améliorer toutes les parties de l'administration de la guerre.

Il remania la plupart des ordonnances de Gouvion
Saint-Cyr et fixa la législation pour un grand nombre
d'années.

On lui doit ainsi les lois du 11 avril 1831 sur les pensions de l'armée de terre, du 21 mars 1832 sur le recrutement, du 14 avril de la même année sur l'avancement,
du 19 mai 1834 sur l'état des officiers, les ordonnances
du 3 mai 1832 sur le service des armées en campagne,
du 23 février 1833 portant réorganisation du corps d'état-
major, du 2 novembre 1833 sur le service intérieur des

troupes à pied et des troupes à cheval, ainsi qu'un grand nombre de règlements administratifs, et notamment l'ordonnance du 10 mai 1844 sur l'administration et la comptabilité intérieure des corps de troupe.

Enfin, c'est le maréchal Soult qui fit exécuter les travaux de fortification de Paris (1).

Autres ministres de la guerre. — A la suite de ces deux grands ministres, il convient de distinguer ceux qui, après eux, ont fait le plus pour l'armée.

Tel fut, sous la Restauration, le général de Clermont-Tonnerre, sous le ministère duquel fut adopté l'excellent matériel d'artillerie en usage jusqu'au moment de l'invention des pièces rayées.

Dans les ordonnances du 25 février 1825, il jeta les bases de l'organisation des trois armes; par celle du 10 décembre 1826, il reconstitua le corps d'état-major.

Après lui, le général de Caux se signala par une administration habile et des économies bien entendues. C'est lui qui contre-signa l'ordonnance du 17 février 1828 créant le conseil supérieur de la guerre.

Sous le règne de Louis-Philippe, le général Bernard fit paraître l'ordonnance du 25 décembre 1837 sur la solde et les revues et celle du 16 mars 1838 sur l'avancement.

Sous la seconde République et sous l'Empire, le maréchal de Saint-Arnaud sut acquérir sur l'armée une grande influence par sa haute expérience, par la justesse de ses vues et par ses grandes qualités militaires. Il est à regretter que les préoccupations politiques d'abord, la maladie ensuite, enfin la guerre d'Orient l'aient empêché de réaliser ce qu'on était en droit d'attendre de lui s'il eût conservé plus longtemps le portefeuille.

---

(1) Le 26 septembre 1847, le maréchal Soult fut élevé à la dignité de maréchal général; ce titre avait été porté avant lui par Biron, Lesdiguières, Turenne, Villars et Maurice de Saxe.

Le maréchal Vaillant, son successeur, eut la difficile tâche de diriger le ministère pendant toute la durée de la guerre de Crimée.

La sagesse, la prudence, la modération dont il fit preuve en s'employant sans relâche à ramener les divergences de vues, à apaiser les différends, à aplanir les conflits qui plus d'une fois vinrent entraver la marche des opérations, ne contribuèrent pas moins que l'habileté de ses mesures au succès final de la campagne.

Il eut également l'honneur d'attacher son nom à une réforme réclamée depuis de longues années, en faisant voter le code de justice militaire du 9 juin 1857.

Le maréchal Randon fit paraître le décret du 13 octobre 1863 sur le service dans les places de guerre et les villes de garnison. C'est sous son ministère que fut adopté le fusil à aiguille dit chassepot, modèle 1866.

Le maréchal Niel, arrivé au ministère au moment où l'opinion publique venait d'être profondément émue par les résultats de la guerre entre la Prusse et l'Autriche, voulut profiter de cette disposition des esprits pour mettre nos institutions militaires à la hauteur de celles de l'étranger.

La campagne de 1866 avait ouvert les yeux sur le système adopté en Prusse qui avait en quelque sorte substitué « la nation en armes » aux armées telles qu'on les comprenait jusque-là. Le maréchal Niel avait pour but de rendre la France capable de résister à ce redoutable déploiement de forces, lorsqu'il déclara que la loi du 21 mars 1832 avait fait son temps et qu'il provoqua la création de la garde nationale mobile. Malheureusement, en butte aux attaques de l'opposition qui prônait la suppression des armées permanentes, en désaccord avec l'opinion publique hostile à toute augmentation de charge, mal soutenu par le souverain qui hésitait devant les réformes radicales devenues nécessaires, le ministre n'obtint par la loi du 1ᵉʳ février 1868 qu'une réalisation très-incomplète de ses plans.

Le maréchal Niel étendit ses réformes aux différents corps de l'armée : il réorganisa l'infanterie en supprimant les compagnies d'élite (décret du 22 janvier 1868), augmenta l'effectif de l'artillerie (décret du 13 mai 1867), chercha à développer l'institution des francs-tireurs, etc.

Persuadé de la nécessité d'être toujours préparé à la guerre, il s'attacha à favoriser l'instruction tactique des troupes; il prépara l'armement des places, activa la fabrication et la réunion du matériel et des approvisionnements en tout genre, etc.

Malheureusement, la mort vint l'enlever avant qu'il eût eu le temps d'achever son œuvre et lorsque son autorité et son énergie eussent été plus que jamais nécessaires.

Il n'entre pas dans le cadre de ce travail de parler des ministres qui se sont succédé depuis la guerre de 1870-1871. Le temps n'est pas venu où il sera possible de mesurer leur part respective dans l'immense tâche de la réorganisation de l'armée et de rendre à chacun la justice qui lui est due. On ne peut toutefois se dispenser de signaler les difficultés suscitées par les événements politiques qui, en renversant le ministère huit fois en huit ans, ne purent qu'entraver cette grande œuvre en nuisant à l'unité dans les vues comme à l'énergie et à la persévérance dans l'exécution.

4.

CHAPITRE VIII

Conseils de la guerre et comités d'armes
depuis la Restauration jusqu'à l'époque actuelle.

Conseil de 1814. — Après la chute de l'Empire les commissions et comités, tels qu'il en avait existé sous Louis XVI et la Révolution revinrent en faveur.

Dès le 6 mai 1814, une ordonnance royale avait prescrit la formation d'un conseil de la guerre comprenant, outre le ministre, général Dupont, qui ne portait lui-même encore que le titre de commissaire au département de la guerre, trois maréchaux, huit lieutenants généraux et un inspecteur aux revues, rapporteur.

Il ne semble pas, toutefois, que cette institution ait fonctionné. Elle disparut d'ailleurs au moment des Cent jours.

Conseil supérieur de la guerre de 1828. — Quinze ans après eut lieu une nouvelle tentative, cette fois plus sérieuse.

L'ordonnance royale du 17 février 1828 créa un conseil supérieur de la guerre sous la présidence du Dauphin. Le préambule de cette ordonnance débute ainsi :

« Voulant établir la législation militaire sur des principes fixes et soumettre l'organisation de nos forces de terre aux rectifications qui nous paraîtraient nécessaires pour concilier ce qu'exige la dignité de notre royaume avec l'économie de nos finances, etc... »

Les attributions du conseil supérieur sont ainsi définies :

« Les projets de lois, d'ordonnances, de règlements et de décisions concernant l'organisation et la législation militaire seront, à l'avenir, discutés par notre conseil de la guerre avant d'être soumis à notre approbation. »

Et d'autre part :

« Le conseil examinera, sur le renvoi qui lui en sera fait par notre ordre, les lois et ordonnances actuellement en vigueur sur l'organisation et la législation de notre armée, à l'effet d'indiquer successivement les améliorations dont elles pourraient être susceptibles. »

Ces attributions diffèrent peu, on le voit, de celles du conseil de la guerre de 1787. Mais, pas davantage que celle-ci, la nouvelle institution ne porta de fruits. Le résultat obtenu fut même moindre, car du moins les principes pris par Guibert et ses collègues servirent-ils de base aux réformes adoptées sous la Révolution, tandis que l'influence du conseil de 1828 paraît avoir été médiocre. Cependant ses membres avaient été choisis avec soin parmi les illustrations militaires de l'Empire.

Le conseil, présidé par le duc d'Angoulême, comprenait trois maréchaux de France : Victor, Marmont et Molitor, et douze lieutenants généraux : Reille, Rogniat, Valée, Bordesoulle, Ruty (remplacé bientôt par Foissac-Latour), Girardin, Bourmont, de Préval, Dode de la Brunerie, Loverdo, Pelleport et d'Ambrugeac. Deux intendants militaires : Deniée et Regnault en faisaient partie avec voix consultative. Le maréchal de camp Gentil Saint-Alphonse était secrétaire.

Le conseil cessa de se réunir après le mois de juin 1829, sans qu'aucun document permette d'en fixer les motifs (1). Ce ne fut que plus d'un an plus tard, après la ré-

---

(1) Le général Bardin, dans son *Dictionnaire*, attribue la défaveur du conseil à ce qu'il aurait manifesté l'intention de réduire de moitié la garde royale. Il résulte toutefois de l'examen des procès-verbaux du conseil que cette question n'a jamais été agitée dans son sein.

Cet examen permet en même temps de reconnaître que toutes les questions fondamentales relatives à l'organisation de l'armée et des différentes armes ont été, de la part du conseil supérieur, l'objet des discussions les plus sérieuses et les plus approfondies. On est étonné de voir que plusieurs des projets de réforme qui ne se sont réalisés que tout récemment ont été proposés dès cette époque. Telles sont : la réduction du service mili-

volution de juillet, que sa suppression fut prononcée par décision royale du 27 août 1830.

Il est difficile, d'ailleurs, de se rendre compte du fonctionnement d'un semblable conseil dont le président et plusieurs membres étaient supérieurs au ministre par leur position, leur grade et leur notoriété. Il devait résulter inévitablement de là des tiraillements et des conflits comme il s'en était produit lors du premier conseil de la guerre en 1715, ou avec le grand comité en 1770.

Conseil supérieur de la guerre de 1872. — Pendant plus de quarante ans, il ne fut plus question de cette institution. Mais au lendemain de nos désastres, alors que la question de réorganisation des forces militaires de la France était de nouveau à l'ordre du jour, le gouvernement jugea nécessaire de recourir à l'expérience des principaux chefs de l'armée. A cet effet, la décision présidentielle du 28 juillet 1872 créa un conseil supérieur de la guerre.

Dans le rapport qu'il adressait à ce sujet au président de la République, M. le général de Cissey, ministre de la guerre, s'exprimait en ces termes :

« L'adoption d'une nouvelle législation militaire entraîne nécessairement d'importantes modifications dans les diverses parties de l'organisation de l'armée et soulève, en ce qui concerne les différentes armes, de nombreuses et graves questions. Pour aider à les résoudre avec les lumières et l'unité nécessaires, je crois utile d'assurer, dès à présent, au département que j'administre, le concours des principales autorités militaires et de plusieurs autorités administratives ayant des relations naturelles avec l'armée, et dans cette pensée, j'ai l'honneur de vous proposer la création d'un conseil supérieur de la

---

taire à cinq ans; la formation permanente des troupes en divisions et brigades; la répartition de la France en circonscriptions territoriales où les régiments se recruteraient et tiendraient habituellement garnison, etc.

guerre qui serait chargé, sous la présidence du ministre, d'examiner toutes les mesures d'ensemble relatives à l'armée sous les divers points de vue du personnel et du matériel et spécialement de l'armement des troupes, des ouvrages de défense, de l'administration militaire et des marchés.

« Le conseil supérieur de la guerre serait composé comme il suit :

« Le ministre président ;

« Les maréchaux de France ;

« Un nombre proportionnel d'officiers généraux de toutes armes, choisis parmi ceux qui exercent ou ont exercé des commandements importants ;

« Les présidents des comités des diverses armes ;

« Un intendant général inspecteur ;

« Un vice-amiral ou un général de division des troupes de la marine, désigné par le ministre de la marine ;

« Un conseiller maître à la cour des comptes ;

« Un inspecteur des finances ;

« Un membre du conseil supérieur du commerce ;

« Le chef d'état-major général du ministre et les directeurs généraux du personnel, du matériel et de la comptabilité générale du ministère de la guerre (1).

« Un général de brigade sera secrétaire du conseil (2).

---

(1) Par décision présidentielle du 10 octobre de la même année, le directeur général des ponts et chaussées et chemins de fer au ministère des travaux publics fut désigné en outre pour faire partie du conseil.

(2) Les membres du conseil supérieur ne furent nommés que les 5 et 10 octobre 1872. C'étaient MM. le général de Cissey, ministre de la guerre, président ; les maréchaux de Mac-Mahon et Canrobert ; les généraux de Ladmirault, duc d'Aumale, Deligny, du Barail, Lallemand ; les présidents des comités, généraux Forgeot, de Chabaud-Latour, le médecin-inspecteur Larrey, l'intendant général inspecteur le François, le vice-amiral de La Roncière Le Noury, Bouchard, conseiller à la cour des comptes, Audibert, inspecteur des finances, Ozenne, membre du conseil supérieur du commerce ; de Francqueville, directeur général des ponts et chaussées et des chemins de fer, les généraux Hartung, chef d'état-major général du ministre et Renson, directeur du personnel ; l'intendant général Guillot,

« Les avis du conseil n'auront que force consultative, mais seront visés dans les décisions du ministre relatives à l'organisation militaire ou aux marchés généraux. »

On voit que le ministre a eu soin, cette fois, de se réserver la présidence du conseil et de spécifier que les avis de celui-ci seraient purement consultatifs. Il évitait ainsi les inconvénients auxquels on s'était heurté en 1828 (1).

Des comités d'armes. — Si les conseils de la guerre n'eurent jamais qu'une existence éphémère, il n'en est pas de même d'un autre genre d'institution destinée à jouer, en ce qui concerne chacune des armes en particulier, le rôle du conseil supérieur relativement à l'ensemble. Ce sont les comités spéciaux, création plus modeste, mais qui eut une plus grande influence et qui a rendu plus de services effectifs.

Avant la Révolution et jusqu'à la fin de l'Empire, il n'y eut de comités que pour l'artillerie et les fortifications. Ces comités, réorganisés en 1820 sous le titre de comités spéciaux et consultatifs de l'artillerie et du génie, eurent leurs attributions définies et limitées par l'ordonnance du 13 février 1822.

C'est le 3 janvier 1830 seulement que sont créés les comités consultatifs de l'infanterie et de la cavalerie, qui, dans la pensée du ministre, devaient assister le conseil supérieur de la guerre. Leurs présidents faisaient partie de ce conseil. Les comités devaient discuter au préalable les affaires à porter devant celui-ci. Ils comprenaient chacun six membres, outre le président, savoir : quatre lieutenants généraux et deux maréchaux de camp (2).

---

directeur général du contrôle et de la comptabilité, le général Forgemol, secrétaire.

(1) La décision présidentielle du 27 juillet 1872 n'a pas été rapportée ; toutefois le conseil supérieur de la guerre a cessé d'être réuni depuis 1874.

(2) Presque au même moment, l'ordonnance du 27 décembre 1829 créait un comité consultatif permanent d'administration, formé de cinq intendants en chef.

Toutefois, cette création ne survécut pas à la révolution de juillet.

Le 27 août 1830, en même temps que le conseil supérieur de la guerre était dissous, une ordonnance royale déterminait la composition et les attributions des comités de l'artillerie et des fortifications. Mais ce fut en 1832 seulement que le maréchal Soult, par ordonnance du 20 septembre, institua un comité permanent de l'infanterie et de la cavalerie.

L'ordonnance du 28 octobre 1834 coordonna les dispositions relatives à ces trois comités : celui de l'infanterie et de la cavalerie devait donner son avis :

« Sur les propositions des inspecteurs généraux, résumées dans le rapport général de l'inspection ; sur les projets de loi, d'ordonnance et de règlement concernant l'organisation, l'administration, la discipline, le service et la tenue des divers corps de l'armée ; enfin sur toutes les affaires que le ministre renverrait à son examen ».

Il comprenait six lieutenants généraux de l'infanterie, trois de la cavalerie et deux intendants militaires. Les directeurs du ministère assistaient aux séances toutes les fois que le ministre le jugeait nécessaire. Les comités avaient deux sessions par an, commençant les 1er décembre et 1er juillet.

L'ordonnance du 17 décembre 1840 supprima le comité de l'infanterie et de la cavalerie, et le remplaça par deux comités distincts, un pour chaque arme.

Le comité consultatif d'état-major fut institué par l'ordonnance du 18 juin 1841, et celui de la gendarmerie par celle du 3 octobre 1846.

Enfin, le décret impérial du 12 juin 1856 créa le comité permanent d'administration qui avait déjà existé un instant, à la fin de la Restauration (1).

______

(1) On doit citer encore, pour mémoire, le comité consultatif de l'Algérie,

Les différents comités d'armes eurent leur organisation modifiée à plusieurs reprises, et notamment au commencement du second Empire (1).

A la suite de la guerre de 1870 tous disparurent, à l'exception de ceux de l'artillerie et du génie. Ils n'ont pas été reconstitués depuis.

---

institué par décret du 2 avril 1850, qui subsista auprès du ministre de la guerre jusqu'au 24 juin 1858, date à laquelle les affaires de l'Algérie passèrent au ministère spécial.

(1) Comités de l'artillerie et des fortifications : décret du 11 mars 1850 ; comités de l'infanterie et de la cavalerie : arrêtés des 20 et 26 mai 1849 et décision impériale du 18 septembre 1859 ; comité d'état-major : décisions impériales des 18 septembre 1859, 28 août 1868 et 16 janvier 1869 ; comité de gendarmerie : décret du 16 décembre 1851.

CHAPITRE IX

**Administration centrale du ministère depuis la Restauration
jusqu'à l'époque actuelle.**

Organisation de l'administration centrale : 1º *sous la
Restauration.* — On a vu plus haut qu'à la première Restauration, le ministère de l'administration de la guerre
avait été supprimé et ses attributions réunies à celle du
ministère de la guerre, ainsi que cela existait précédem-
ment. Les deux administrations centrales furent fon-
dues. Le ministère de la guerre comprit le secrétariat général et cinq directions formées chacune d'un certain
nombre de bureaux, plus une direction spéciale, dite de
l'arriéré, formée de sept bureaux chargés de la liquidation de toutes les dépenses des guerres de 1804 à 1815.

Parmi les rouages du ministère existait alors le comité
dit des directeurs, composé du secrétaire général et des
directeurs, qui se réunissait une fois par semaine.

Il avait pour objet: « de maintenir l'unité dans le système d'administration du ministère et de donner son avis
sur toutes les affaires qui lui étaient renvoyées par le ministre. »

Le maréchal Victor modifia cette organisation. En
1822, le ministère ne comprenait plus que le secrétariat
particulier, la direction générale du personnel, la direction générale de l'administration, la direction générale
des subsistances, rattachée un peu plus tard à la pré-
cédente, et enfin la direction du dépôt de la guerre.

Le secrétariat général fut rétabli lorsque le duc de Bel-
lune eut quitté le ministère.

A la fin de la Restauration, la direction de l'arriéré
avait été supprimée et celle de la comptabilité générale
et des pensions formée aux dépens du secrétariat général.

2º *Sous la monarchie de Juillet.* — Après la révolution de juillet, les bureaux de la guerre étaient divisés comme il suit : cabinet du ministre, secrétariat général, direction du dépôt de la guerre, direction de l'infanterie, direction de la cavalerie, direction de l'administration, direction des fonds et de la comptabilité générale. Les bureaux de l'artillerie et du génie étaient indépendants et ne ressortissaient à aucune direction. Peu après, les directions de l'infanterie, de la cavalerie, les bureaux de l'artillerie et du génie, furent réunis et formèrent la direction générale du personnel et des opérations militaires par l'adjonction du bureau des opérations qui avait appartenu jusqu'en 1832 à la direction du dépôt de la guerre.

Les affaires de l'Algérie, qui n'avaient d'abord occupé qu'un bureau, furent attribuées, depuis 1837, à une direction particulière.

L'organisation de l'administration centrale était réglée par chaque ministre suivant sa convenance. Il en résultait des changements fréquents, préjudiciables à la marche des affaires.

Afin d'éviter ces abus, les Chambres insérèrent dans la loi du budget pour 1844 une disposition en vertu de laquelle : « l'organisation centrale de chaque ministère devait être réglée par une ordonnance royale, » et « aucune modification ne pouvait y être apportée que dans la même forme. »

L'ordonnance du 17 janvier 1844, rendue en exécution du vœu de la loi, divisa l'administration centrale de la guerre en :

Cabinet du ministre ;

Secrétariat général, contrôle et comptabilité générale (9 bureaux) ;

Direction du personnel et des opérations militaires (9 bureaux) ;

Direction de l'administration (5 bureaux) ;

Direction des affaires de l'Algérie (3 bureaux);
Service de l'artillerie (divisé en sections);
Service du génie (divisé en sections).

Le dépôt de la guerre, laissé en dehors, fut organisé par l'ordonnance du 4 novembre de la même année et comprit d'abord 5 sections.

3° *Sous la République de* 1848. — Cette organisation n'éprouva de changements qu'en 1848, par l'arrêté présidentiel du 5 juillet, pris sous le ministère du général de la Moricière, qui créa le cabinet du sous-secrétaire d'État et sépara la comptabilité du secrétariat pour en former une direction spéciale.

Le général d'Hautpoul remania à nouveau l'administration centrale. Par une série de décrets, des 28 novembre et 15 décembre 1849, 8 janvier et 19 septembre 1850, la direction générale du personnel et des opérations militaires et celle de l'administration furent supprimées, et le ministère fut divisé en :

Cabinet du ministre;
Secrétariat général (4 bureaux);
Service des états-majors, des opérations militaires des mouvements et du dépôt de la guerre (2 bureaux et le dépôt);
Service de l'infanterie et du recrutement (2 bureaux);
Service de la cavalerie et des remontes (1 bureau);
Service de la gendarmerie (2 bureaux);
Service de l'artillerie (2 bureaux);
Service du génie (2 bureaux);
Service de l'intendance militaire, de la solde et de l'habillement (3 bureaux);
Service des subsistances et des hôpitaux (2 bureaux);
Service de l'Algérie (3 bureaux);
Direction de la comptabilité générale (4 bureaux).

4° *Sous Napoléon III.* — Le général de Saint-Arnaud, par décret du 7 janvier 1852, fit rétablir les directions au nombre de 7, savoir : personnel, artillerie, génie, administration, Algérie, dépôt de la guerre, comptabilité générale.

En même temps le cabinet du ministre absorbait l'ancien secrétariat général ainsi que le service des opérations militaires et des mouvements, qui fut d'ailleurs presque aussitôt rendu au bureau de la correspondance générale (1ʳᵉ direction). Le comité des directeurs qui existait sous la Restauration et sous le maréchal Soult était également rétabli.

La décision impériale du 11 avril 1855, prise sur la proposition du maréchal Vaillant, dédoubla la direction du personnel et en forma la direction de la correspondance générale, états-majors, recrutement, justice militaire et infanterie, et celle de la cavalerie et gendarmerie.

Enfin la première de ces deux directions fut elle-même divisée sous le ministère du maréchal le Bœuf (décret du 25 septembre 1869) en : direction de la correspondance générale, états-majors, justice militaire et recrutement, et direction de l'infanterie et de la garde mobile.

Quant à la direction de l'Algérie, enlevée au ministère de la guerre à la suite du décret du 24 juin 1858, elle y fut de nouveau réunie en vertu du décret du 10 décembre 1860 et ne cessa définitivement d'en faire partie qu'en 1870, lors de l'établissement du régime civil en Algérie.

Telle était l'organisation de l'administration centrale de la guerre lorsque éclata la guerre contre l'Allemagne.

Il y avait ainsi, en résumé, autant de directions que d'armes, plus les directions de l'administration et de la comptabilité générale. Le dépôt de la guerre, placé en dehors, ne s'occupait que de travaux topographiques, historiques et statistiques. Les directeurs, se réunissant périodiquement, se concertaient entre eux pour toutes les mesures d'ensemble et d'intérêt général. En somme, les services étaient convenablement assurés. Toutefois, cette organisation présentait un vice capital : elle ne contenait, en effet, aucun rouage de centralisation ayant pour but spécial la préparation de la guerre.

Les bureaux, institués en vue des besoins normaux de la paix, n'avaient pas à se préoccuper d'autres éventualités. Celui d'entre eux qui comptait parmi ses attributions « les opérations militaires » ne renfermait qu'un personnel exclusivement civil. Le maréchal Niel avait, il est vrai, donné une vive impulsion aux études des officiers détachés au Dépôt de la guerre ; mais leurs travaux de reconnaissances, utiles pendant le cours d'une campagne, n'avaient aucunement trait aux mesures d'organisation à prendre en vue de la guerre. Ce n'étaient d'ailleurs que des documents à consulter, ne pouvant exercer aucune influence sur la marche de l'administration qui y demeurait entièrement étrangère.

Ce vice d'organisation se fit cruellement sentir au début de la guerre de 1870, et son action funeste dura aussi longtemps que la campagne elle-même.

5° *Organisation actuelle.* — Aussitôt après l'insurrection de la Commune, M. le général de Cissey, arrivant au ministère, s'occupa de la reconstitution de l'administration centrale.

Le décret du 8 juin 1871 créa le chef d'état-major du ministre, ayant sous ses ordres directs deux bureaux : le premier était celui de la correspondance générale, des mouvements, opérations, etc. ; le second n'était autre que l'ancien dépôt de la guerre.

Les autres bureaux étaient répartis entre la direction générale du personnel (6 bureaux), la direction générale du matériel (6 bureaux) et la direction générale du contrôle et de la comptabilité (4 bureaux). Des décrets postérieurs des 30 septembre 1871, 4 août 1872, 7 septembre et 26 octobre 1873 complétèrent cette organisation.

M. le général du Barail la modifia en réunissant en une seule les directions générales du personnel et du matériel (décret du 24 février 1874).

Mais surtout il fut l'auteur d'une réforme d'une portée plus considérable, en créant le rouage qui avait fait défaut jusque-là, c'est-à-dire l'organe de préparation de la guerre.

Le décret du 12 mars 1874, rendu sur sa proposition, institua l'état-major général du ministre qui, bien qu'existant de nom depuis 1870, n'avait jusqu'à ce moment aucune des attributions qui forment sa raison d'être.

Aux termes de ce décret, le chef d'état-major général a sous son autorité le cabinet du ministre et 6 bureaux, savoir :

Celui de l'organisation générale, mobilisation, emplacements et effectifs,

Celui de la statistique militaire et de l'historique,

Celui des opérations militaires et de l'instruction d'ensemble de l'armée,

Celui des mouvements, service des étapes, chemins de fer, transport de troupes,

Celui de la correspondance générale.

Celui du dépôt de la guerre.

Tous les chefs de bureau, sauf celui de la correspondance générale, devaient être des officiers supérieurs.

M. le général de Cissey, lors de son second ministère, enleva à l'état-major général le cabinet, ainsi que le bureau de la correspondance générale. Ce dernier, rendu à la direction générale du personnel et du matériel par décret du 1er juin 1874, fut rattaché de nouveau à l'état-major général par M. le général Gresley à son arrivée au ministère (décret du 15 janvier 1879).

Un décret du 4 octobre 1874 créa deux nouveaux bureaux dans chacune des deux directions générales : celui des remontes et celui du matériel du génie dans la direction générale du personnel et du matériel; celui des comptes-matières et celui des archives dans la direction générale du contrôle, où était supprimé en même temps le bureau de la liquidation des comptes de la guerre.

La décision présidentielle du 6 juin 1876, prise en exécution du décret du 9 mai précédent qui plaçait les poudreries et raffineries civiles sous l'autorité du ministre de la guerre, rattacha ce service à la direction générale du personnel et du matériel, sous le nom de service des poudres et salpêtres.

Le décret du 10 décembre 1877 supprima le bureau des états-majors et créa le bureau de l'instruction technique et du matériel de l'infanterie, et le bureau des personnels administratifs et des transports généraux.

Enfin le décret du 26 mars 1878, rendu sur la proposition de M. le général Borel et qui est en vigueur aujourd'hui, rétablit à peu près la répartition qui existait avant la guerre de 1870, en supprimant la direction générale du personnel et du matériel et en la remplaçant par six directions.

Actuellement le ministère de la guerre se trouve organisé de la manière suivante :

Le ministre a directement auprès de lui son état-major particulier et son cabinet.

Le chef d'état-major général a sous ses ordres les six bureaux dont les attributions ont été indiquées plus haut, plus une section chargée du personnel du corps d'état-major et de celui des missions.

L'administration centrale proprement dite comprend six directions et une direction générale.

La première direction (infanterie), quatre bureaux :

1er bureau, personnel de l'infanterie,

2e bureau, instruction technique et matériel particulier de l'arme de l'infanterie,

3ᵉ bureau, recrutement,

4ᵉ bureau, réserves et armée territoriale.

La deuxième direction (cavalerie), trois bureaux :
1ᵉʳ bureau, cavalerie,

2ᵉ bureau, remontes,

3ᵉ bureau, justice militaire et gendarmerie.

La troisième direction (artillerie et équipages militaires), deux bureaux :

1ᵉʳ bureau, personnel de l'artillerie et des équipages militaires,

2ᵉ bureau, matériel de l'artillerie et des équipages militaires.

La quatrième direction (génie), deux bureaux :
1ᵉʳ bureau, personnel du génie,

2ᵉ bureau, matériel du génie.

La cinquième direction (services administratifs), quatre bureaux :

1ᵉʳ bureau, personnels administratifs et transports généraux,

2ᵒ bureau, subsistances militaires, chauffage, fourrages,

3ᵉ bureau, hôpitaux, invalides, lits militaires,

4ᵉ bureau, habillement et campement.

La sixième direction (poudres et salpêtres), un seul bureau :

Bureau des poudres et salpêtres.

La direction générale du contrôle et de la comptabilité comprend deux services :

Le premier service, quatre bureaux, plus l'agence comptable du ministère :

1ᵉʳ bureau, contrôle des dépenses, contentieux, budgets généraux, liquidation de la dotation de l'armée, liquidation des dépenses de l'armée,

2ᵉ bureau, fonds, ordonnances et comptes généraux,

3e bureau, comptes-matières, états des approvisionnements généraux,

4e bureau, solde, revues de comptabilité, indemnités de
route.

Le deuxième service, trois bureaux :

5e bureau, pensions et secours,

6e bureau, archives,

Service intérieur (formant un bureau).

Auprès du ministère fonctionnent, en outre, un certain
nombre de comités ou commissions, savoir :

Le comité supérieur de la caisse des offrandes natio-
nales en faveur des armées de terre et de mer,

Le comité consultatif de l'artillerie,

Le comité spécial consultatif des poudres et salpêtres,

Le comité consultatif des fortifications,

La commission de télégraphie militaire,

La commission militaire supérieure des chemins de
fer,

Le conseil de santé des armées,

La commission d'hygiène hippique,

La commission mixte des travaux publics,

La commission chargée de dresser la liste de classement des sous-officiers proposés pour des emplois civils.

A ces diverses commissions permanentes, il faut ajouter la commission supérieure de classement des officiers
d'état-major, d'infanterie et de cavalerie, ainsi que les
commissions de classement des officiers de gendarmerie,
des fonctionnaires de l'intendance, du personnel de santé,
des officiers d'administration et des vétérinaires militaires. Ces commissions ne fonctionnent que temporairement, pendant la période annuelle qui fait suite aux
inspections générales.

Personnel des bureaux de la guerre. — Le personnel des

bureaux de la guerre comprenait, sous la Restauration, 400 employés : chefs, sous-chefs et commis (1).

Le dépôt de la guerre ayant été réuni à l'administration centrale par ordonnance royale du 16 juillet 1845, le personnel s'éleva ainsi, en 1846, à 680 employés. Ce chiffre, ramené à 590 en 1849, a subi depuis des réductions successives. Au moment de la guerre, il ne s'élevait plus qu'à 480. Enfin, en 1878, l'effectif était de 493 employés de tous grades, savoir : 1 directeur général, 1 général chef d'état-major général du ministre, 10 directeurs ou chefs de service, 1 général sous-chef d'état-major général, 1 adjoint au directeur des services administratifs, 1 chef du cabinet, 32 chefs de bureaux, dont 1 général de brigade, 7 colonels, 2 lieutenants-colonels et 22 chefs civils (dont 1 agent comptable), 50 sous-chefs de bureaux (dont 1 conservateur des cartes et 1 bibliothécaire), 2 chefs de section, 2 traducteurs, 386 commis principaux et ordinaires, dessinateurs et graveurs, 2 élèves dessinateur et graveur, 1 conservateur du mobilier, 1 inspecteur des travaux de bâtiment, 1 chef archiviste, 1 jurisconsulte attaché à titre consultatif (2).

A ce nombre, il faut ajouter un certain nombre de commis stagiaires et auxiliaires (3).

---

(1) Les officiers employés au ministère de la guerre ont, de tout temps, compté en dehors du personnel des bureaux et ne figurent pas à l'effectif de l'administration centrale, à l'exception des directeurs, chefs de division ou de service et chefs de bureaux.

(2) Ce personnel était réparti comme il suit : cabinet du ministre : 40 employés ; état-major général : 78 ; les six directions : 220 ; direction générale du contrôle et de la comptabilité : 155.

Le personnel du ministère est régi par le règlement du 14 juin 1852, concernant l'admission, l'avancement, le service et la discipline dans les bureaux de l'administration centrale de la guerre.

(3) Dans ce personnel ne sont pas compris non plus les gens de service : huissiers, surveillant, garçon de caisse, gardiens de bureaux, ouvriers, agents gardiens de magasin, concierges et hommes de peine à l'année, dont le nombre, de 72 en 1820, s'est élevé peu à peu au chiffre actuel de 149.

Les réductions successives opérées dans le personnel fixe des bureaux ont été effectuées dans un but d'économie. Mais on a dû, en même temps, recourir à un personnel auxiliaire, de sorte que le but n'a guère été atteint. Il semble d'ailleurs, bien difficile de diminuer sensiblement l'effectif des employés tant que l'extrême centralisation qui existe dans l'administration de la guerre fera traiter toutes les affaires au ministère même. Si, au contraire, les attributions des divers chefs militaires et administratifs étaient étendues, s'ils étaient chargés de prononcer sur un grand nombre de points de détail qu'il n'est peut-être pas utile de faire remonter jusqu'au ministre, nul doute que l'administration centrale allégée ne pût fonctionner avec un personnel bien moins nombreux.

Peut-être aussi pourrait-on adopter l'organisation qui existe dans d'autres ministères où le personnel se divise en deux classes : les rédacteurs et les expéditionnaires. Les premiers, desquels on exige une solide instruction technique, suivent les affaires et dirigent les bureaux : les seconds sont chargés du travail matériel. Il serait plus facile ainsi de faire face aux exigences du service avec un effectif restreint, en transportant les expéditionnaires d'un bureau à l'autre, suivant le nombre des affaires qui affluent tantôt d'un côté, tantôt d'un autre, suivant les circonstances et l'époque de l'année.

Aujourd'hui, on exige de tous les candidats civils aux emplois de commis du ministère le brevet de bachelier (1). Avec la répartition du personnel en rédacteurs et expéditionnaires, on pourrait, au lieu de cette garantie d'apti-

---

(1) La loi du 24 juillet 1873 a réservé aux anciens sous-officiers le quart des emplois de commis au ministère de la guerre. Les trois autres quarts se recrutent au moyen d'un concours. C'est pour ce concours qu'est exigé le grade de bachelier ès lettres ou ès sciences ; il est fait toutefois exception en faveur des anciens officiers de l'armée, à qui cette condition n'est pas imposée pour se présenter au concours.

tude, inutile pour ceux-ci, insuffisante pour ceux-là, imposer aux premiers les épreuves les plus sérieuses et, en supprimant pour les seconds la condition du baccalauréat, ouvrir une porte plus large aux sous-officiers de l'armée, auxquels toutes ces places seraient réservées.

Étendue aux diverses administrations publiques, une semblable réforme aurait sans doute une grande portée en détournant tant de jeunes gens instruits de s'engager dans une carrière sans issue, et en les conduisant à rechercher, de préférence, des positions où leur activité intellectuelle puisse s'exercer d'une manière plus profitable pour eux-mêmes et pour le pays.

Tableau chronologique des ministres de la guerre.

DATE de la NOMINATION.	NOMS.	DATE de la cessation des fonctions.	OBSERVATIONS.
25 oct. 1567	De VILLEROI (Nicolas de NEUVILLE).	8 sept. 1588	
15 sept. 1588	De RÉVOL (Louis).	27 sept. 1594	Mort dans l'exercice de ses fonctions. La répartition définitive des services entre les secrétaires d'Etat est faite par l'ordonnance du 1er janvier 1589.
30 sept. 1594	De VILLEROI.	3 mars 1606	Pour la deuxième fois.
4 mars 1606	BRULART (Pierre, marquis de PUISIEUX).	9 août 1646	
20 nov. 1616	De RICHELIEU (Armand-Jean du PLESSIS, évêque de Luçon).	1er mai 1647	
1er mai 1647	De PUISIEUX.	5 février 1624	Pour la deuxième fois.
5 février 1624	LE BEAUCLERC (Charles, seigneur d'ACHÈRES).	13 oct. 1630	
11 déc. 1630	SERVIEN (Abel, marquis de SABLÉ).	10 fév. 1636	
12 fév. 1636	SUBLET DES NOYERS (François, baron de DANGU).	10 avril 1643	
13 avril 1643	LE TELLIER (Michel).	24 fév. 1662	
24 fév. 1662	De LOUVOIS (François-Michel LE TELLIER, marquis).	16 juillet 1691	Mort en fonctions.
16 juillet 1691	De BARBESIEUX (Louis-François-Marie LE TELLIER, marquis).	5 janv. 1704	Mort en fonctions.
8 janv. 1704	De CHAMILLART (Michel, marquis de CANI, seigneur de COURCELLES).	9 juin 1709	
17 juin 1709	VOYSIN (Daniel-François).	15 sept. 1715	
14 oct. 1715	De LA VRILLIÈRE (PHELIPPEAUX, marquis).	4 février 1716	Ministres pendant l'existence du conseil supérieur de la guerre (26 septembre 1715, 15 octobre 1718) ; ne sont que les exécuteurs de ses décisions.
4 février 1716	FLEURIEU (marquis d'ARMENONVILLE).	24 sept. 1718	

DATE de la NOMINATION.	NOMS.	DATE de la cessation des fonctions.	OBSERVATIONS.
24 sept. 1718	Le Blanc (Claude).	1er juillet 1723	
4 juillet 1723	De Breteuil (François-Victor le Tonnelier, marquis).	19 juin 1726	
19 juin 1726	Le Blanc.		
22 mai 1728	D'Angervilliers (Nicolas-Prosper Bauyn).	19 mai 1728	Pour la deuxième fois et jusqu'à sa mort.
20 fév. 1740	De Breteuil.	15 fév. 1740	Mort en fonctions.
8 janv. 1743	D'Argenson (Marc-Pierre de Voyer de Paulmy, comte).	7 janv. 1743	Pour la deuxième fois et jusqu'à sa mort.
		1er fév. 1757	
1er fév. 1757	De Paulmy (Antoine-René de Voyer d'Argenson, marquis).	25 fév. 1758	
3 mars 1758	De Belle-Isle (Louis-Charles-Auguste Fouquet, duc), maréchal et pair de France.	26 janv. 1761	Mort en fonctions. M. de Crémilles, lieutenant général adjoint au ministre.
27 janv. 1761	De Choiseul-Amboise (Etienne-François, duc), lieutenant général. pair de France.	24 déc. 1770	
4 janv. 1771	De Monteynard (Louis-François, marquis), lieutenant général.	27 janv. 1774	
30 janv. 1774	D'Aiguillon (Emmanuel-Armand de Vignerot, Du Plessis Richelieu, duc), lieutenant général, pair de France.	2 juin 1774	
5 juin 1774	Du Muy (Louis-Nicolas-Victor de Félix, comte), lieutenant général, puis maréchal de France.	10 oct. 1775	Mort en fonctions.
27 oct. 1775	De Saint-Germain (Claude-Louis, comte), lieutenant général.	27 sept. 1777	Le prince de Montbarey, maréchal de camp, adjoint au ministre.
27 sept. 1777	De Montbarey (Alexis-Marie-Eléonore de Saint-Mauris, prince), maréchal de camp.	18 déc. 1780	
23 déc. 1780	De Ségur (Philippe-Henri, comte), lieutenant général, puis maréchal de France.	29 août 1787	

24 sept. 1787	De LOMÉNIE-BRIENNE (Louis-Marie-Athanase, comte), lieutenant général.	28 nov. 1788	
30 nov. 1788	De PUYSÉGUR (Pierre-Louis de CHASTENET, comte), lieutenant général.	12 juillet 1789	
13 juillet 1789	De BROGLIE (Victor-François, duc), maréchal et pair de France.	15 juillet 1789	
4 août 1789	De LA TOUR DU PIN GOUVERNET (Jean-Frédéric, comte de PAULIN), lieutenant général.	8 nov. 1790	
16 nov. 1790	DUPORTAIL (Louis LE BÈGUE DE PRESLE), maréchal de camp.	2 déc. 1791	
6 déc. 1791	De NARBONNE LARA (Louis-Marie-Jacques-Amalric, comte), maréchal de camp.	9 mars 1792	
9 mars 1792	De GRAVE (Pierre-Marie, marquis), maréchal de camp.	8 mai 1792	
9 mai 1792	SERVAN (Joseph), maréchal de camp.	12 juin 1792	
16 juin 1792	LAJARD (Pierre-Auguste), adjudant général.	23 juillet 1792	
23 juillet 1792	D'ABANCOURT (Charles-Xavier-Joseph FRANQUEVILLE), adjudant général colonel.	10 août 1792	
11 août 1792	SERVAN.	6 oct. 1792	Pour la deuxième fois.
8 oct. 1792	PACHE (Jean-Nicolas).	2 février 1793	
4 février 1793	De BEURNONVILLE (Pierre de RIEL), lieutenant général.	30 mars 1793	Démissionnaire le 11 mars 1793, réélu le 14 par la Convention, parti le 30 pour visiter la frontière.
4 avril 1793	BOUCHOTTE (Jean-Baptiste-Noël), colonel de cavalerie.	1er avril 1794 (12 germ. an II)	
	SUPPRESSION DU MINISTÈRE :		
1er avril 1794 (12 germ. an II)	PILLE (Louis-Antoine), adjudant général président de la commission de l'organisation et du mouvement des armées de terre.	2 oct. 1795 (10 vend. an IV)	La Convention, par décret du 12 germin. an II, supprime les ministères et les remplace par douze commissions. Les ministères sont rétablis par décret du 10 vendémiaire an IV.
3 nov. 1795 (12 brum. an IV)	AUBERT-DUBAYET (Jean-Baptiste-Annibal), général de division.	8 février 1796 (19 pluv. an IV)	

DATE de la NOMINATION.	NOMS.	DATE de la cessation des fonctions.	OBSERVATIONS.
8 fév. 1796 (19 pluv. an IV)	PETIET (Claude), commissaire ordonnateur des guerres.	23 juillet 1797 (5 therm. an V)	
23 juillet 1797 (5 therm. an V)	SCHÉRER (Barthélemy-Louis-Joseph), général de division.	24 fév. 1799 (3 vent. an VII)	
24 fév. 1799 (3 vent. an VII)	MILET DE MUREAU (Louis-Marie-Antoine), général de brigade.	2 juillet 1799 (14 mess. an VII)	
2 juillet 1799 (14 mess. an VII)	De BERNADOTTE (Jean), général de division.	14 sept. 1799 (28 fruct. an VII)	
14 sept. 1799 (28 fruct. an VII)	DUBOIS DE CRANCÉ (Edmond-Louis-Alexis), général de division.	10 nov. 1799 (19 brum. an VII)	
10 nov. 1799 (19 brum. an VIII)	BERTHIER (Louis-Alexandre), général de division.	2 avril 1800 (12 germ. an VIII)	
2 avril 1800 (12 germ. an VIII)	CARNOT (Lazare-Nicolas-Marguerite), chef de bataillon du génie, inspecteur général aux revues.	8 oct. 1800 (16 vend. an IX)	
8 oct. 1800 (16 vend. an IX)	BERTHIER.		Pour la deuxième fois.
8 mars 1802	DÉDOUBLEMENT DU MINISTÈRE : (*Période du Consulat et de l'Empire.*)		Décret créant le ministère de l'administration de la guerre.

A. — Ministres de la guerre.

	BERTHIER, général de division puis maréchal de France, vice-connétable, prince de NEUFCHATEL et de WAGRAM.	4 sept. 1807	Voir plus haut la date de la nomination de Berthier.

| 9 août 1807 | Clarke (Henri-Jacques-Guillaume) général de division, créé comte d'Hunebourg, puis duc de Feltre. | 3 avril 1814 | |

B. — Ministres de l'administration de la guerre.

24 mars 1802 (21 niv. an X)	Dejean (Jean-François-Aimé), général de division, ministre directeur de l'administration de la guerre.	2 janv. 1810	
3 janv. 1810	Lacuée (Jean-Gérard, comte de Cessac), général de division, ministre directeur de l'administration de la guerre.	19 nov. 1813	
20 nov. 1813	Daru (Pierre-Antoine-Noël-Bruno, comte), ministre directeur de l'administration de la guerre	30 mars 1814	
		3 avril 1814	Suppression de la division en deux branches du ministère de la guerre.
13 mai 1814	Dupont de l'Etang (Pierre, comte), lieutenant général.	2 déc. 1814	Etait commissaire de la guerre depuis le 3 avril.
3 déc. 1814	Soult (Jean-de-Dieu, duc de Dalmatie), maréchal de France.	10 mars 1815	
11 mars 1815	Clarke.	20 mars 1815	Pour la deuxième fois ; suit Louis XVIII à Gand.

SECOND DÉDOUBLEMENT DU MINISTÈRE :
(*Période des Cent jours*).

20 mars 1815	Davout (Louis-Nicolas duc d'Auerstadt, prince d'Eckmuhl), maréchal de France.	8 juillet 1815	
5 avril 1815	Daru, ministre directeur de l'administration de la guerre.	8 juillet 1815	Pour la deuxième fois.
9 juillet 1815	Gouvion Saint-Cyr (Laurent, comte), maréchal de France.	24 sept. 1815	

DATE de la NOMINATION.	NOMS.	DATE de la cessation des fonctions.	OBSERVATIONS.
24 sept. 1815	Clarke.	12 sept. 1817	Pour la troisième fois. Le vicomte Tabarié nommé sous-secrétaire d'Etat de la guerre par décret du 9 mai 1846.
12 sept. 1817	Gouvion Saint-Cyr.	19 nov. 1819	Pour la deuxième fois. Le chevalier Allent, conseiller d'Etat, nommé sous-secrétaire d'Etat de la guerre le 17 septembre 1847.
19 nov. 1819	De Latour-Maubourg (Marie-Victor de Fay), lieutenant général, pair de France.	13 déc. 1821	
14 déc. 1821	Victor (Claude-Perrin, dit), duc de Bellune, maréchal de France.	18 déc. 1823	
19 déc. 1823	De Damas (Ange-Maxence-Hyacinthe, baron), lieutenant général, pair de France.	3 août 1824	
4 août 1824	De Clermont-Tonnerre (Marie-Gaspard, marquis), lieutenant général, pair de France.	4 janv. 1828	
4 janv. 1828	De Caux (Louis-Victor de Blacquetot, vicomte), lieutenant général, membre de la Chambre des députés.	8 août 1829	Du 4 au 17 janvier 1828, était seulement désigné comme ministre directeur de l'administration de la guerre.
8 août 1829	De Bourmont (Louis-Auguste-Victor de Chaisne, comte), lieutenant général, pair de France.	18 avril 1830	Le vicomte Nomper de Champigny, maréchal de camp, sous-secrétaire d'Etat de la guerre le 25 mars 1830.
18 avril 1830	De Polignac (prince de), président du conseil, ministre des affaires étrangères, ministre intérimaire de la guerre.	29 juillet 1830	Fait l'intérim après le départ du général de Bourmont à la tête de l'expédition d'Alger.
14 août 1830	Gérard (Maurice-Etienne, comte), lieutenant général, puis maréchal de France, membre de la Chambre des députés.	16 nov. 1830	Commissaire au département de la guerre depuis le 4er août.

17 nov. 1830	Soult.	17 juillet 1833	Pour la deuxième fois. Président du conseil des ministres le 11 octobre 1832.
18 juillet 1833	Gérard.	29 oct. 1834	Pour la deuxième fois. Président du conseil des ministres.
10 nov. 1834	Bernard (Simon, baron), lieutenant général.	18 nov. 1834	
18 nov. 1834	Mortier (Adolphe-Edouard-Casimir-Joseph, duc de Trévise), maréchal et pair de France.	12 mars 1835	Président du conseil. Tué étant en fonctions.
30 avril 1835	Maison (Nicolas-Joseph, marquis), maréchal et pair de France.	6 sept. 1836	
19 sept. 1836	Bernard, lieutenant général, pair de France.	31 mars 1839	Pour la deuxième fois.
31 mars 1839	De Cubières (Amédée-Louis Depans), lieutenant général, pair de France.	12 mai 1839	
12 mai 1839	Schneider (Antoine-Virgile), lieutenant général, membre de la Chambre des députés.	1er mars 1840	
1er mars 1840	Cubières.	29 oct. 1840	Pour la deuxième fois.
29 oct. 1840	Soult.	10 nov. 1845	Pour la troisième fois. Prés. du conseil des ministres jusqu'au 15 sept. 1845.
10 nov. 1845	De Saint-Yon (Alexandre-Pierre Moline), lieutenant général, pair de France.	9 mai 1847	Le baron Martineau Deschenez, conseiller d'Etat, sous-secrétaire d'Etat de la guerre le 10 novembre 1845.
9 mai 1847	Trezel (Camille-Alphonse), lieutenant général, pair de France.	24 fév. 1848	M. Magne, député, sous-secrétaire d'Etat de la guerre le 24 novembre 1847.
25 fév. 1848	Subervie (Jacques-Gervais, baron), lieutenant général.	19 mars 1848	
5 avril 1848	Arago (François), membre du gouvernement provisoire.	11 mai 1848	Arago était ministre intérimaire depuis le 19 mars. Le lieutenant-colonel Charras sous-secrétaire d'Etat pendant les ministères Arago, Cavaignac et la Moricière.
17 mai 1848	Cavaignac (Louis-Eugène), général de division, membre de l'Assemblée constituante.	28 juin 1848	
28 juin 1848	De la Moricière (Christophe-Louis-Léon Juchault), général de division, membre de l'Assemblée constituante.	20 déc. 1848	

DATE de la NOMINATION.	NOMS.	DATE de la cessation des fonctions.	OBSERVATIONS.
20 déc. 1848	RULLIÈRE (Joseph-Marcellin), général de division, membre de l'Assemblée constituante.	31 oct. 1849	
31 oct. 1849	D'HAUTPOUL (Alphonse-Henri, marquis), général de division, membre de l'Assemblée législative.	22 oct. 1850	
22 oct. 1850	De SCHRAMM (Jean-Paul-Adam), général de division.	9 janv. 1851	
9 janv. 1851	REGNAUD DE SAINT-JEAN D'ANGÉLY (Auguste-Michel-Etienne, comte), général de division, membre de l'Assemblée législative.	24 janv. 1851	Sénateur en 1852, maréchal de France le 5 juin 1859.
24 janv. 1851	RANDON (Jacques-Louis-César-Alexandre), général de division.	26 oct. 1851	
26 oct. 1851	De SAINT-ARNAUD (Amand-Jacques LE ROY), général de division puis sénateur et maréchal de France.	11 mars 1854	
11 mars 1854	VAILLANT (Jean-Baptiste-Philibert), maréchal de France, sénateur.	5 mai 1859	
5 mai 1859	RANDON (comte); maréchal de France, sénateur.	20 janv. 1867	Pour la deuxième fois.
20 janv. 1867	NIEL (Adolphe), maréchal de France, sénateur.	14 août 1869	Mort en fonctions.
24 août 1869	LE BŒUF (Edmond), général de division, puis maréchal de France, sénateur.	9 août 1870	
9 août 1870	COUSIN MONTAUBAN (Charles-Guillaume-Marie-Appoline-Antoine, comte de PALIKAO), général de division.	4 sept. 1870	

DÉDOUBLEMENT DU MINISTÈRE (pendant le siége de Paris).

A. — Ministère de la guerre à Paris.

4 sept. 1870	Le Flô (Adolphe-Charles-Emmanuel), général de division, puis membre de l'Assemblée nationale.	5 juin 1871	M. le général de division Letellier-Valazé, sous-secrétaire d'Etat du 24 mars au 5 juin 1871.

B. — Ministère de la guerre en province (délégation).

16 sept. 1870	Fourichon, vice-amiral, ministre de la marine et des colonies.	3 oct. 1870	Chargé d'exercer par délégation les fonctions de ministre de la guerre.
9 oct. 1870	Gambetta (Léon), membre du gouvernement, ministre de l'intérieur.	6 fév. 1871	M. Crémieux, membre du gouvernement, ministre intérimaire du 3 au 9 octobre. M. de Freycinet, délégué au département de la guerre par décret du 11 octobre 1870. M. Emmanuel Arago, membre du gouvernement, ministre intérimaire du 6 au 11 février.
4 juin 1871	De Cissey (Ernest-Louis-Octave Courtot), général de division, membre de l'Assemblée nationale.	29 mai 1873	
29 mai 1873	Du Barail (Franç.-Charles), général de division.	22 mai 1874	
22 mai 1874	De Cissey.	15 août 1876	Pour la 2e fois. Vice-président du conseil des ministres jusqu'au 10 mars 1875.
15 août 1876	Berthaut (Jean-Auguste), général de division.	23 nov. 1877	
23 nov. 1877	De Rochebouet (Gaëtan de Grimaudet), général de division.	13 déc. 1877	Président du conseil des ministres.
13 déc. 1877	Borel (Jean-Louis), général de division.	13 janv. 1879	
13 janv. 1879	Gresley (Henri-Fr.-Xav.), général de division.		

TABLE DES MATIÈRES

Paris. — Imprimerie J. DUMAINE, rue Christine, 2.